Chakras

Nueva guía de autoayuda de los últimos chakras para mejorar la espiritualidad y la atención, para hacer crecer tu inteligencia emocional y para sanar tu cuerpo.

Índice

Vishuddhi - El chakra de la garganta

Ajna - El Chakra del Tercer Ojo

Sahasrara

La ciencia de los chakras

Capítulo 3: Los fundamentos de la meditación de los chakras

¿Qué es la meditación de los chakras?

¿Por qué es importante hacer la meditación de los chakras?

Preparándose para la Meditación

Partes importantes de la meditación de los chakras

Postura

1. Mantenga su columna vertebral recta

2. Tus hombros deben permanecer relajados pero rectos

3. No uses el reposacabezas

4. Levanta un poco la barbilla

5. Descansa tus manos apropiadamente

6. Use un cojín cómodo

7. Siempre mantenga sus pies firmemente apoyados en el tapete

8. Relájate

Chakra Raíz Hiperactivo

Chakra Raíz poco activo

Los problemas físicos relacionados con este chakra

Svadhishthana - El Chakra Sacro

Chakra sacro activo y equilibrado

Chakra sacro hiperactivo

Chakra sacro poco activo

Los problemas físicos relacionados con este chakra

Manipura- El chakra del plexo solar

Chakra del Plexo Solar activo y equilibrado

Chakra del plexo solar hiperactivo

Chakra del Plexo Solar poco activo

Los problemas físicos relacionados con este chakra

Anahata - El chakra del corazón

Chakra cardíaco activo y equilibrado

Chakra cardíaco hiperactivo

Chakra cardíaco poco activo

Los problemas físicos relacionados con este chakra

Vishuddhi- El Chakra de la garganta

CHAKRAS - by - MATTHEW BENEFIT

incorrecto, de la información proporcionada liberará al Editor de responsabilidad en cuanto a las acciones tomadas fuera de su ámbito directo. Independientemente de ello, no hay ningún escenario en el que el autor original o el Editor puedan ser considerados responsables de ninguna manera por cualquier daño o dificultad que pueda resultar de cualquiera de las informaciones aquí discutidas.

Además, la información que figura en las páginas siguientes tiene fines exclusivamente informativos y, por lo tanto, debe considerarse universal. Como corresponde a su naturaleza, se presenta sin garantías sobre su validez prolongada o su calidad provisional. Las marcas comerciales que se mencionan se hacen sin consentimiento escrito y no pueden considerarse en modo alguno como una aprobación del titular de la marca.

Introducción

Felicitaciones por la compra de este libro, y gracias por hacerlo. Este libro es una guía completa sobre el concepto de los chakras y las formas en que pueden tener un impacto positivo en nuestras vidas.

Los chakras han surgido como un concepto que puede ayudar a traer un equilibrio en la vida. En Occidente, el concepto de chakras es relativamente nuevo, ya que se introdujo hace medio siglo, pero ha pasado a primer plano muy recientemente. Sin embargo, el concepto de chakras tiene miles de años de antigüedad y siempre se ha seguido en varias religiones y culturas. A lo largo del tiempo, incluso varias prácticas de tratamiento alternativo como el reiki y la acu presión también han incorporado los principios de los chakras y están haciendo grandes progresos en el cuidado de la salud.

Para la gente común, el concepto de chakras sigue siendo un misterio. Un artículo aquí o un resguardo allá y la gente empieza a leer todo tipo de cosas sobre un concepto místico y desarrolla todo tipo de creencias. El concepto de chakras se basa en los principios básicos de la vida y la creación. La comprensión de este concepto puede traer paz, armonía y prosperidad no sólo en la vida de los individuos sino también en la sociedad en su conjunto. Este libro es un intento sincero de explicar el concepto de los chakras desde lo básico y también sus aplicaciones prácticas en nuestras vidas.

Vivimos en un mundo en el que muchos de nuestros problemas no tienen un origen real. Simplemente están ahí. Muchos de nosotros nos sentimos tristes, solos, abatidos y perdidos. Sin embargo, muy pocos podrían explicar realmente las verdaderas razones de esos problemas. Una comprensión más profunda del concepto de chakras puede ayudar a responder la mayoría de esas preguntas. Si sientes que la chispa de tu relación se está perdiendo y no puedes encontrar una razón para ello, este libro puede tener las respuestas para ti. Si sientes que ya no tienes las pasiones que encendieron tu alma, pero no sabes la razón por la que se perdieron, los chakras pueden resolver el misterio por ti.

Este libro no sólo explicará en detalle el concepto de los chakras, sino también las formas en que afectan a nuestras vidas. El desequilibrio en los chakras puede ser la razón principal detrás de la mayoría de sus problemas para los cuales podría haber estado buscando respuestas en cosas inútiles. Este libro te ayudará a descubrir los problemas reales que están causando los problemas y las formas de resolverlos.

Este libro explicará el concepto de los chakras y la forma en que influyen en nuestras vidas a nivel físico, mental, emocional y espiritual. Este libro también explicará las formas de identificar los problemas en varios chakras. Explicará las características principales de cada chakra para que puedas juzgar por ti mismo si también has estado sufriendo problemas similares.

Al final, este libro explicará varias formas a través de las cuales puedes sanar tus chakras y traer un equilibrio en las energías.

La intención de este libro ha sido explicar el concepto de los chakras con gran detalle y a la vez ser muy simple para que cualquiera pueda entenderlo y beneficiarse.

Espero que encuentre este libro útil y que pueda añadir valor a través de los conocimientos de este libro.

Hay muchos libros sobre este tema en el mercado, ¡gracias de nuevo por elegir este! Se ha hecho todo lo posible para asegurar que esté lleno de tanta información útil como sea posible, ¡por favor disfrútenlo!

Capítulo 1: Los chakras y las formas en que tocan nuestras vidas

¿Qué son los chakras?

El significado literal de Chakra en sánscrito, el idioma clásico de la India, es una "rueda". Por chakras, nos referimos a los cuerpos de energía sutil dentro de nosotros. Antes de entrar en el concepto, es importante entender que el cuerpo físico es simplemente un aspecto de nuestro ser. Somos más que sólo este cuerpo físico. Nos centramos siempre en el cuerpo físico grueso porque podemos tocarlo, sentirlo y localizarlo fácilmente. Sin embargo, además de nuestro cuerpo físico, nuestro cuerpo etérico, cuerpo mental, aura y espíritu también tienen papeles significativos que desempeñar en nuestras vidas.

Hoy en día, la ciencia ha demostrado con credibilidad, la presencia del cuerpo de energía también. En realidad, puedes tomar fotos de tu campo de aura con un equipo especial. Nuestra aura es una radiación del campo electromagnético de nuestro cuerpo, y puede reflejar nuestro estado mental y emocional en gran medida incluso después de habernos mudado de ese lugar. Esto ha demostrado la existencia de un cuerpo de energía sin duda, y el papel que puede jugar en traer más paz, estabilidad y funcionalidad a nuestras vidas.

Recientemente han empezado a surgir pruebas científicas concretas del papel que los cuerpos de energía sutil juegan en nuestras vidas. Sin embargo, una descripción detallada de los chakras, los cuerpos de energía sutil se pueden encontrar en textos védicos indios tan antiguos como el 1500 AC.

Los sabios indios estudiaron el impacto de los chakras en el cuerpo, la mente, el espíritu y la conciencia humanos. Encontraron las formas en que los chakras podían sacar algunos rasgos característicos o suprimir otros. Los Vedas continúan describiendo las formas de armonizar el flujo de energía entre todos los chakras, y cómo esto puede proporcionar la liberación de las angustias mentales, físicas y emocionales.

Hay 7 chakras principales en nuestro cuerpo. Son esencialmente los puntos de energía nodal donde se une la energía de varias fuentes. Si estos puntos nodales permanecen abiertos y en sincronía, permitirán un flujo de energía sin obstáculos, y, por lo tanto, su mente, cuerpo y espíritu permanecerán en paz. Sin embargo, si hay un bloqueo en cualquier punto nodal, obstruiría el flujo de energía, y esto puede crear problemas.

Si alguno de tus chakras está bloqueado, las cualidades características de ese Chakra pueden empezar a sobre expresarse. Esto puede ser bueno en algunos aspectos, pero el impacto negativo de esto sería mucho mayor.

Si un chakra está bloqueado, y la energía en ese chakra permanece poco activa, esto también puede causar varios problemas en la vida. Algunas de las principales cualidades de ese chakra pueden no desarrollarse completamente, y eso tendría un serio impacto en su vida y comportamiento. También puede suceder que algunos rasgos negativos de ese chakra se vuelvan agresivamente activos. Esto podría causar aún más problemas.

La comprensión de la naturaleza de los chakras, las razones de su bloqueo, el impacto del bloqueo, y las formas de abrirlos han sido expuestas ante nosotros por los Vedas. Los Vedas se esfuerzan mucho en describir varias formas en las que puedes abrir tus centros de energía y asegurar el flujo suave de la energía para que puedas alcanzar fácilmente tu máximo potencial.

Este conocimiento ha permanecido oculto al público ya que nadie ha prestado mucha atención al juego de la energía en nuestras vidas. Permanecimos ocupados en atender sólo los aspectos físicos. Sin embargo, esta ignorancia ha llevado a varios problemas. A pesar de un mundo más desarrollado, mayor comodidad física y mejores formas de comunicación, la mayoría de nosotros nos sentimos incómodos y desconectados. Nuestra ignorancia del papel de las energías en nuestras vidas ha sido el principal culpable. Esto puede cambiar con una mejor comprensión de los chakras.

El conocimiento del chakra está al descubierto, y está disponible para que todos lo usen. No tiene significado religioso, ni es parte de alguna práctica de magia negra. Los viejos sabios descubrieron las formas en que el flujo de energía afectaba a nuestras capacidades físicas, mentales, emocionales y espirituales, y encontraron formas de restaurar el equilibrio. Toda la ciencia de los chakras trata de encontrar ese equilibrio para que puedas llevar una vida feliz, satisfactoria y próspera.

Por lo tanto, no importa la religión que sigas, las creencias que tengas, o las ideologías que tengas. Esta es una ciencia de la energía. Así como la presencia de sangre en nuestro cuerpo es una realidad física, la presencia de energía también es una realidad física en la misma medida. La ciencia moderna siguió ignorándola durante mucho tiempo y se centró sólo en tratar el cuerpo físico y atender sus necesidades. Sin embargo, todos sabemos que a pesar de proporcionar todo, no ha sido capaz de hacer mucho para restaurar el equilibrio mental, emocional y espiritual.

Puede que no te sientas feliz sin tener ninguna razón para estar realmente triste. Puede que te sientas insatisfecho sin ser capaz de señalar la razón de tu descontento. Puede que empieces a sentir desprecio por los demás, aunque no hayan hecho nada en particular para molestarte. Todas estas cosas pueden ocurrir cuando el crítico equilibrio energético de tu cuerpo desaparece.

El conocimiento de los chakras puede ayudarte a encontrar las principales razones detrás de estos problemas, y las formas simples en las que puedes restaurar el equilibrio.

- Este libro explicará en detalle los principales aspectos de los 7 chakras y su impacto en nuestras vidas

- Los problemas que se enfrentan cuando hay desequilibrios de los chakras

- Maneras simples y fáciles de hacer la curación de los chakras en tu casa a tu propio ritmo.

Este libro demostrará ser una guía completa de los chakras para usted, y le dará un conocimiento detallado sobre el importante concepto de los chakras.

Los chakras en un término de laico

Para empezar, los chakras son centros de energía en nuestro cuerpo. No están físicamente presentes dentro del cuerpo, sino fuera de él, a lo largo de la columna vertebral. El primer chakra, que se llama chakra de la raíz, está situado cerca de la base de la columna vertebral, y el séptimo chakra, que se llama chakra de la coronilla, está situado en la parte superior de la cabeza, justo fuera del cuerpo.

La ubicación de los chakras puede considerarse como puntos de presión donde la influencia de un chakra en particular es más fuerte que la de otros. Los científicos han sido capaces de confirmar este hecho utilizando el electro miógrafo, que mide la actividad eléctrica de los músculos.

Los experimentos realizados en personas normales y en aquellos que practican la meditación de los chakras mostraron la diferencia en la actividad eléctrica en estas regiones. Hoy en día hay suficientes pruebas para demostrar que los chakras tienen un profundo impacto en nuestras vidas, y tenemos la capacidad de mejorar la funcionalidad de los chakras en nuestro cuerpo.

Por lo tanto, los chakras deben ser considerados centros de distribución de energía, al igual que las redes eléctricas. Estos puntos no producen ningún tipo de energía por sí mismos. Simplemente almacenan y refuerzan la energía que proviene de varias fuentes en el cuerpo y luego las hacen circular más. Este simple proceso ayuda al buen funcionamiento de nuestro cuerpo. Sin embargo, considere las consecuencias de que alguna de estas redes eléctricas no funcione correctamente. Los resultados pueden ser catastróficos.

Los chakras funcionan con un equilibrio energético muy delicado, y, por lo tanto, incluso su estado mental o emocional también puede causar un desequilibrio en sus chakras. Los malos u horribles recuerdos de tu infancia pueden llevar al bloqueo de algunos de los chakras. Los eventos traumáticos en la vida también pueden causar desequilibrios en los chakras.

Desde la dieta, la salud, hasta el estilo de vida, hay varias cosas que pueden tener un impacto muy fuerte en el flujo de energía de tu cuerpo. Lo importante es darse cuenta de que el equilibrio energético puede verse alterado. Cuando lo haga, debe reconocer las señales. También debes tomar medidas proactivas para asegurarte de que los chakras se curen antes de que te causen más problemas en tu vida.

La curación de los chakras es simplemente un paso en esta dirección, y puede ayudarte a restaurar el suave flujo de energía en tu cuerpo. Serás capaz de traer armonía entre los centros de energía en tu cuerpo y te sentirás más feliz, contento y positivo.

El significado de los chakras en nuestras vidas

Esta es una pregunta pertinente que puede surgir en su mente. La respuesta simple es que los chakras pueden ayudar a dar forma a toda tu vida y a tu persona. Significa que todos tus rasgos de carácter, tu comportamiento, tus manierismos, tu pensamiento, tu interacción con la gente que te rodea, casi todo de tal naturaleza depende del equilibrio de los chakras en tu cuerpo.

Por ejemplo, si hay un problema en el chakra de la raíz o en el Muladhara, puede que se sienta sin fundamento, letárgico, poco seguro de sí mismo y débil. También puede comenzar a presenciar un aumento o una pérdida de peso repentina e inexplicable.

El desequilibrio en las energías de tu chakra del corazón o Anahata puede hacerte sentir repentinamente paranoico, el cambio en tu comportamiento sería sorprendentemente visible. Puedes empezar a experimentar repentinos y severos cambios de humor que serían inconfundibles. Tu naturaleza despreocupada puede cambiar a una persona posesiva y exigente que nunca fuiste. Podrías ser capaz de sentir estos cambios y sin embargo te encontrarías impotente para provocar cualquier cambio en la situación.

La confusión emocional que la mayoría de la gente siente en estos días, la inquietud, la falta de objetivos, la pérdida de confianza, sentimientos y emociones, la mayor parte es causada por el desequilibrio de los chakras. La gente sigue tratando de encontrar la solución a estos problemas en vano.

Es importante entender el impacto que los chakras pueden tener en su vida, ya que podrá identificar los síntomas mucho más rápido y no tendrá que adoptar una estrategia de ensayo y error. Desde fortalecer nuestros rasgos de carácter hasta dar matices a nuestra personalidad y emociones, los chakras juegan un papel muy significativo en nuestras vidas. El desequilibrio en los chakras puede causar estragos en la vida y hacerla patas arriba.

A través de la meditación de los chakras, puedes corregir tales desequilibrios. La meditación de los chakras puede ayudarte a curar chakras específicos para que puedas llevar una vida feliz y satisfactoria.

¿Sientes que te has vuelto muy inseguro, infundado, inestable, incapaz de tomar decisiones y de apegarte a ellas? ¿Ha estado arrastrándose día y noche en la oficina y no ve las posibilidades de ascenso? ¿Envidias a tus colegas que trabajan mucho menos y sin embargo son promovidos fácilmente? Estas cosas no suceden por casualidad o magia. Cuando tu chakra raíz está de sincronizado, te hace perder la pista en la realidad. No te das cuenta de tus defectos y empiezas a culpar a los demás. Encontrar defectos en los demás se convierte en tu pasatiempo favorito, pero no tomas ninguna acción correctiva. Todo esto puede cambiar con la ayuda de la meditación del chakra para sanar el chakra de la raíz.

¿Sientes que la chispa de la vida se ha perdido? ¿Ha perdido el interés en la mayoría de las actividades que seguía apasionadamente? ¿Ha comenzado tu vida sexual a disminuir gradualmente? ¿Siente que disfrutar del acto de la misma manera que en el pasado es difícil para usted ahora? ¿O te has vuelto altamente obsesionado con el sexo ahora? ¿Tus deseos sexuales han empezado a llevarte hacia la perversión? Todos estos son signos de problemas en tu chakra sacro que necesitan ser arreglados de inmediato. Este es el chakra que te permite experimentar la vida con entusiasmo. Te hace el buscador de placer. Pero, si hay un desequilibrio energético en este chakra, puedes enfrentarte a problemas para disfrutar de esta vida por completo o te sientes totalmente atraído hacia la satisfacción de tus deseos personales sin pensar en tus seres queridos o en la sociedad. La meditación del chakra sacro puede ayudarte a rectificar este problema por completo.

¿Sientes que tus malentendidos con tu pareja han empezado a aumentar mucho últimamente? ¿Lamenta el hecho de que incluso sus compañeros de trabajo, amigos o incluso sus hijos no intenten escucharle o entenderle? ¿Le ha resultado muy difícil conectarse con las personas que ama? ¿Ha empezado a perder interés en la mayoría de las cosas y se siente abatido? Todos estos problemas pueden ser el resultado de un desequilibrio o bloqueo en el chakra del corazón. La meditación del chakra del corazón puede ayudarte a encontrar el equilibrio de las energías en tu corazón.

Una buena comprensión de los chakras le ayudará a comprender los sutiles cambios en su vida a medida que surjan. Serás capaz de identificarlos y llevar a cabo correcciones de curso. Los chakras juegan un papel muy importante en nuestras vidas, pero equilibrar los chakras es un proceso muy fácil. Puedes simplemente adoptar un estilo de vida saludable, meditar regularmente y concentrarte en tus energías para mantener tus chakras en sincronía. Esto puede parecer mucho trabajo, pero no lo es.

Este libro te ayudará a entender las formas fáciles de identificar los desequilibrios de los chakras y mantenerlos bajo control.

Los chakras según los textos antiguos

Los Vedas y los Upanishads, los antiguos textos indios, tienen la más temprana mención del sistema de chakras. Como los Vedas y los Upanishads son textos religiosos hindúes, mucha gente se forma la idea errónea de que incluso el concepto de chakra es de naturaleza religiosa. El concepto de chakra no está relacionado con ninguna religión; es algo que puede ayudar a mejorar la calidad de vida de cualquiera que intente hacer uso de ellos. Incluso en los Vedas, los chakras han sido mencionados como la forma de alcanzar la elevación e iluminación física y espiritual.

El papel del chakra es ayudarnos a alcanzar nuestro máximo potencial. Si un determinado chakra de tu cuerpo ha florecido y todos los demás chakras están en equilibrio, los rasgos de carácter de ese chakra se convertirían en tus cualidades distintivas. Ese chakra puede ayudarte a alcanzar la perfección en la esfera específica.

El chakra no es un concepto mágico. Es un concepto muy práctico de aprovechar la energía y usarla para impulsar las cosas. El mundo entero funciona con este concepto básico. Si tomas cualquier mineral para ese fin, no tendrá ningún valor hasta que lo tomes y le des el uso correcto. Incluso el combustible puede impulsar los motores sólo cuando se pone en el mecanismo correcto. Lo mismo ocurre con los chakras. Todos tenemos chakras en nuestro cuerpo, pero sólo podremos usarlos con el conocimiento y la determinación adecuados.

El chakra es un concepto muy amplio. Los Vedas y los Upanishads los han descrito con gran detalle. El popular sistema de 7 chakras no es el único sistema de chakras descrito en los Vedas. Hay descripciones de sistemas de 4 chakras, 5 chakras, 9 chakras, 12 chakras, 21 chakras, etc. Todo esto depende de la forma en que se quiera categorizar la energía y la precisión que se quiera aprovechar.

El sistema de chakras más popular es el sistema de 7 chakras, y también es el más fácil de seguir. Intentaremos entender este sistema y las formas en que puede ayudarnos.

La historia de la meditación de los chakras

Tradicionalmente, la meditación de los chakras comenzó como una forma de alcanzar el autoconocimiento y la conciencia. Se consideraba una forma de alcanzar la conciencia espiritual. Los antiguos videntes desarrollaron formas a través de las cuales podían abrir sus chakras y volverse más perceptivos y conocedores. Los chakras no se consideraban un medio de curación física.

Más tarde, los sabios desarrollaron varias formas a través de las cuales incluso la gente común podía hacer uso del poder de los chakras. El desarrollo del Yoga fue también uno de los de la serie. Hay 8 partes de yoga, y las 4 partes superiores se centran en el desarrollo de las habilidades para sentarse en una postura irreflexiva para meditar. Te ayudan a ganar el control de tu cuerpo y mente, lo cual es esencial cuando tratas de controlar energías tan poderosas.

Tradicionalmente los chakras no se usaban como medio para curar enfermedades físicas. Utilizaban los chakras para lograr el control de la energía sutil. Tenían otros medios para tratar las dolencias físicas como el Yoga y el Ayurveda. Sin embargo, los chakras también tienen el poder de hacer la curación física. Los chakras están asociados con importantes glándulas endocrinas, y tienen influencia en la secreción de varias hormonas, por lo tanto, si los chakras están en sincronía, varios problemas físicos también pueden ser liberados.

El yoga y el conocimiento de los chakras llegaron a Occidente en la última mitad del siglo XX. Inicialmente, sólo fueron vistos como el medio para tratar problemas físicos. Sin embargo, poco a poco, incluso el occidente ha comenzado a darse cuenta del poder de ambos conceptos en el tratamiento de problemas mentales y también emocionales.

Si practicas bien la meditación de los chakras, puedes traer un bienestar holístico. No sólo es un concepto para curar problemas físicos, sino que también puede ayudarte a entender las cosas importantes que están causando toda la confusión psicológica y emocional. Los chakras juegan un papel muy importante en el control de nuestro estado de ánimo, el juego de las energías y las emociones. Lo que podemos considerar como una influencia externa es, la mayoría de las veces, una agitación que se está gestando dentro de nosotros. El conocimiento del sistema de chakras y las formas de mantenerlo en equilibrio te ayudará a tratar todos esos asuntos con gran facilidad.

Descubrirás que tu vida se volverá más pacífica y tranquila. Tendrás un mejor control sobre tus emociones, y tendrás un gran control sobre tus acciones y reacciones. La fatiga de decisión que encontramos la mayor parte del tiempo, así como el estado de indecisión que enfrentamos, desaparecería una vez que hayas desarrollado las habilidades para equilibrar tus chakras.

Capítulo 2: El qué y el cómo de los chakras

Chakras - el epicentro de nuestro cuerpo energético

La fisicalidad ha sido tan estresada que rara vez prestamos atención al cuerpo de energía sutil. Somos mucho más que una simple colección de sangre, huesos y carne. Simplemente no es sólo la fuerza mecánica del corazón la que mantiene la circulación de la sangre fluyendo. Nuestra mente no está trabajando al azar. Todas estas cosas también suceden porque hay un flujo constante de energía. Los chakras son el epicentro de este cuerpo de energía. No están presentes en el interior de nuestros cuerpos físicamente, pero tienen un profundo impacto en la forma en que funcionamos.

Los científicos se han mostrado reacios a creer este hecho hasta que se ha demostrado por los estudios realizados en los campos de energía. En realidad, se pueden tomar fotografías del campo energético que nos rodea, conocido como aura. No sólo refleja su presencia, sino también su estado emocional y mental. Los colores del aura cambian según tu estado mental y emocional actual, y demuestra sin lugar a dudas que incluso además de nuestro cuerpo físico, hay mucho más en nosotros.

Los chakras son los principales centros que controlan el flujo de energía a algunas secciones cruciales de nuestro cuerpo. Influyen en nuestro sistema endocrino y en el sistema nervioso. Aunque no están dentro de nuestro cuerpo, pueden tener un profundo impacto en la mayoría de nuestros procesos físicos. Los chakras pueden tener un profundo impacto en nuestros poderes físicos, mentales, emocionales y espirituales.

Pueden ayudarnos a rendir a un nivel óptimo, y también pueden causar mucha influencia negativa.

La ignorancia de este poder del chakra lleva a muchos problemas. Es muy importante que te des cuenta de su papel en nuestras vidas para realmente tomar cualquier acción afirmativa para traerlos en sincronía.

Los niveles en los que puede ayudar a mejorar nuestras vidas

Como ya hemos discutido, los chakras tienen un papel muy importante en varios aspectos de nuestras vidas.

Los 4 niveles importantes en los que los chakras afectan a nuestras vidas son:

1. Nivel físico

2. Nivel mental

3. Nivel emocional

4. Nivel espiritual

Cada chakra tiene un impacto específico en nuestro cuerpo, mente, emociones y despertar espiritual. Cada chakra tiene un papel que desempeñar. Los tres chakras inferiores se consideran los chakras del cuerpo. Esto significa que están profundamente preocupados con el proceso de la vida. Su enfoque está siempre en hacer esta vida suficiente y con el poder suficiente para permitirte disfrutarla plenamente.

Los tres chakras superiores están más preocupados por el despertar espiritual, y el proceso de conseguir la liberación de las garras de esta vida. Esto no significa que los tres chakras superiores estén tratando de matarte. Simplemente significa que el logro de los tres chakras superiores te haría evidente que vivir para el yo no es lo suficientemente digno. Te harán entender que la vida tiene un propósito más grande que atender a este yo.

El chakra central te ayuda a formar un equilibrio entre ambos.

Cada chakra tendrá un impacto único en ti a nivel físico, mental, emocional y espiritual. Entendiendo el impacto de cada chakra en estos niveles, sería más fácil para ti resolver los problemas de la vida.

El impacto de cada chakra en los 4 niveles:

Muladhara - El Chakra Raíz

Nivel físico: Este chakra afecta a tu sexualidad ya que los órganos sexuales caen bajo este chakra. El equilibrio en este chakra tendría un impacto en tu deseo sexual. Este chakra influye en las glándulas suprarrenales de tu cuerpo. Las suprarrenales liberan más de 50 tipos de hormonas que prácticamente dirigen todas las funciones del cuerpo. El desequilibrio en este chakra puede conducir a la fatiga suprarrenal.

- **Nivel mental**: Este es el chakra que establece tu conexión con la tierra. La tierra es un símbolo de estabilidad, y, por lo tanto, cualquier desequilibrio en este chakra tendría un papel en tu poder de decisión. Las personas con un chakra raíz equilibrado son muy sanas, estables y seguras. Cualquier signo de inseguridad mental, miedo, proceso de pensamiento errático se refleja en los problemas de equilibrio energético en este chakra.

- **Nivel emocional**: Este chakra te llena de sensualidad, y, por lo tanto, cualquier tipo de desequilibrio energético en el chakra tendría un impacto similar en la sensualidad.

- **Nivel espiritual**: Este chakra ayuda a mantenerte en tierra. Esto significa que estarás más estable y seguro. Esta es una cualidad muy importante para alcanzar cualquier tipo de poder espiritual o conocimiento. Puede parecer una contradicción, ya que habíamos discutido que los tres chakras inferiores están relacionados con la fisicalidad. Pero, el logro de la conciencia espiritual no es posible si tu chakra raíz no está en equilibrio, ya que tiene que jugar un papel importante en mantenerte en la realidad mientras intentas averiguar cosas más allá de la comprensión mental.

Svadhishthana - El Chakra Sacro

- **Nivel físico**: La ubicación física de este chakra está en la región pélvica, y afecta en gran medida a sus capacidades de reproducción. Los ovarios y los testículos se ven directamente afectados por este chakra, y, por lo tanto, el poder de la fertilidad es regulado por este chakra en gran medida. Este también es el chakra que te hace un buscador de placer. Te permite disfrutar este mundo al máximo al sentirlo literalmente. Si hay un desequilibrio de poder en este chakra, puede influir en tu capacidad de buscar placer y vivir plenamente.

- **Nivel mental**: Este chakra tiene un profundo impacto en la creatividad y la claridad de una persona. Si las energías de este chakra están desequilibradas, puedes enfrentarte a serios problemas en estas dos áreas. Puedes permanecer dudoso la mayor parte del tiempo o puedes perder el toque creativo en tu trabajo y decisiones.

- **Nivel emocional**: Este chakra tiene un profundo impacto emocional. Este es el chakra del buscador de placer. Este chakra invoca los sentimientos de alegría sin obstáculos y de placer no provocado. Este es el chakra que invoca el uso de todos los sentidos para absorber este mundo en toda su extensión. Te ayuda a vivir esta vida al máximo. Sin embargo, si hay un desequilibrio de poder en este chakra, puede que no seas capaz de disfrutar de este mundo. A pesar de tener todo materialmente, puedes sentir el vacío. Puedes empezar a anhelar placeres inexplicables. Si ya sientes que falta algo en la vida, y no eres capaz de señalarlo, es hora de que empieces a equilibrar este chakra.

- **Nivel espiritual**: Este es el chakra que infunde tu espíritu con celo y entusiasmo. Te mantiene inspirado y animado desde el interior. Sin embargo, si hay un desequilibrio en las energías de este chakra, puede ser difícil sentirse inspirado para hacer la mayoría de las cosas de la vida. La vida se volvería aburrida, tediosa y tortuosa. Ni ganar dinero ni gastarlo para el placer o la caridad le daría un verdadero placer a tu alma.

Manipura - El Chakra del Plexo Solar

- **Nivel físico**: La ubicación física de este chakra está alrededor de tu estómago, y es el área que más afecta. Si hay un desequilibrio en las energías de este chakra, afectará negativamente a tu proceso de digestión, tanto física como metafóricamente. Este chakra te convierte en un caballo de batalla. Serás la rueda de poder de cualquier organización en la que trabajes si este chakra está en su punto óptimo en tu cuerpo. Trabajarás muy duro y tendrás un maravilloso apetito por la comida y una habilidad similar para digerirla. Sin embargo, si este chakra no está sincronizado, puede que te resulte difícil manejar tu sistema digestivo. Tu desempeño en la organización también disminuiría de manera inexplicable. A menudo morderás mucho más de lo que puedes masticar y te enfrentarás a la ira de los demás con frecuencia.

- **Nivel mental**: Las personas con un chakra del plexo solar fuerte exhiben un gran poder personal. Son líderes naturales. Imponen respeto dondequiera que estén. Sin embargo, si el equilibrio de poder en este chakra está mal, esto puede ir en cualquier dirección. Si las energías en este chakra están hiperactivas, pueden volverse demasiado exigentes y dominantes. Si las energías son bajas, pueden deprimirse, confundirse, celarse, despreciarse.

- **Nivel emocional**: Este chakra te hará sentir poderoso. No conocerás límites cuando se trate de estirar tus límites. Este chakra te permite buscar un poder ilimitado. Un chakra del plexo solar equilibrado significaría que te sentirás completo y en control de la situación. Sin embargo, si las energías están desequilibradas en este chakra, pueden hacerte sentir cosas realmente tontas.

- **Nivel espiritual**: Un chakra del plexo solar equilibrado es muy importante para el crecimiento espiritual constante de una persona. Este chakra te ayuda a obtener la madurez mental y espiritual.

Anahata - El chakra del corazón

- **Nivel físico**: Este es el chakra que está en el centro. Ayuda a lograr el equilibrio entre los chakras superiores e inferiores. Físicamente el trabajo de este chakra es mantener la corriente fluyendo; es responsable de la circulación. Desde el flujo de sangre hasta el flujo de información, todo está gobernado por este chakra. Al estar en la región del corazón, la circulación de la sangre es una de las principales preocupaciones de este chakra. Prácticamente, es el chakra el que te mantiene en funcionamiento.

- **Nivel mental**: A nivel mental, este chakra hace que te sientas apasionado por las cosas de la vida y la vida misma. Un equilibrio preciso necesita estar ahí en este chakra ya que la energía excesiva te haría excéntrico frente al mundo entero, y las energías bajas te proyectarían como una persona sin espíritu frente al mundo. El desequilibrio de poder en este chakra no es bueno en absoluto.

- **Nivel emocional**: Este es el chakra de la pasión y el amor. Un poder equilibrado en este chakra significaría que serás capaz de amarte a ti mismo y a los demás con el mismo fervor. No juzgarías ni discriminarías a los demás. Tu amor sería profundo y verdadero. La gente a tu alrededor sería capaz de sentir ese amor y corresponderlo. Sin embargo, un desequilibrio de energías en este chakra puede pintar un cuadro completamente diferente. Puedes salir como una persona muy exigente y demasiado posesiva que la mayoría de la gente trata de evitar. Las bajas energías pueden hacerte temeroso e inseguro.

- **Nivel espiritual**: A nivel espiritual, este chakra siempre está buscando una conexión con lo divino. La búsqueda constante del corazón es unirse con el poder divino del que ha salido. Siempre hay un anhelo de sentirse completo.

Vishuddhi - El chakra de la garganta

- **Nivel físico**: Este chakra se encuentra en la región de la garganta, y es el área donde su influencia física es mayor. Afecta a tu glándula tiroides y sus funciones. Si hay un equilibrio de poder en este chakra, tus funciones metabólicas funcionarán sin problemas. Tendrás un crecimiento completo y un desarrollo físico general. De hecho, también regulará tu sistema nervioso central y el sistema circulatorio. Sin embargo, el desequilibrio en este chakra al principio puede conducir a un crecimiento atrofiado o a un desorden metabólico en las últimas etapas.

- **Nivel mental**: El área que más afecta este chakra es su capacidad de expresarse con claridad. Si este chakra está equilibrado en tu cuerpo, serás capaz de expresarte tan claramente como el agua con gas. Tus poderes de comunicación estarían a la par, y serás capaz de mantener a la gente por tu poder de comunicación. No habrá ambigüedad en las cosas que digas. Serás capaz de hacer que la gente entienda exactamente lo que quieres.

- **Nivel emocional**: Este es el chakra de los grandes líderes. Te haría una persona que puede superar a una persona de cualquier tamaño o estatura. Esto significa que tu pensamiento siempre permanecerá independiente. No te tambalearías bajo el peso o la sombra de alguien. Serás emocionalmente independiente y tendrás libre albedrío.

- **Nivel espiritual**: Las consideraciones físicas y materiales se vuelven intrascendentes en este nivel, y, por lo tanto, este chakra te hace sentir espiritualmente seguro. Te colocaría en tu propio reino. A partir de aquí, el camino hacia arriba sólo está destinado a los líderes, y, por lo tanto, no está lleno de gente.

Ajna - El Chakra del Tercer Ojo

- **Nivel físico**: La ubicación física de este chakra está en la región de la frente. El punto ligeramente por encima del puente de la nariz entre las cejas es la posición de este chakra. Físicamente este chakra afecta a tu poder de intuición y a la función cerebral. La glándula pineal está directamente influenciada por este chakra. Los problemas en este chakra pueden llevar a problemas neurológicos. Si las energías están perfectamente equilibradas en este chakra, puede hacerte más perceptivo. Puede aumentar la clarividencia, el poder de la intuición y los poderes psíquicos.

- **Nivel mental**: Este chakra puede mejorar tu conciencia visual al siguiente nivel. Serás capaz de ver las cosas como nadie más lo hace. Tu poder de discernimiento sería mucho mejor comparado con el de otros. Muchas veces, incluso serías capaz de ver y sentir cosas que otros no pueden.

- **Nivel emocional**: A nivel emocional, este chakra te da una claridad extrema. Tu campo de visión nunca se sentirá borroso. Las cosas podrían ser buenas o malas, pero nunca serían ambiguas. Serías capaz de ver las tormentas que se acumulan a tu alrededor y los problemas que se avecinan mucho antes de que exploten en la cara. Este es uno de los mayores poderes que uno puede tener en esta era, donde la información es el mayor poder que uno puede tener.

- **Nivel espiritual**: Este chakra lleva a la iluminación intelectual y prepara el camino para la iluminación espiritual. Si las energías de este chakra están equilibradas, podrás sentirte feliz todo el tiempo. Este es el chakra que te libera de todo tipo de miedos y favores. Alcanzas un estado en el que puedes permanecer sin ser afectado por todo lo que te rodea. Ni la alegría ni la tristeza serán capaces de moverte espiritualmente. Sin embargo, lo contrario también es cierto en caso de un desequilibrio de poder en este chakra. En tal caso, la vida puede volverse realmente difícil ya que puedes empezar a tener todo tipo de visiones y las energías oscuras a tu alrededor empezarían a crear impresiones sobre ti.

Sahasrara

- **Nivel físico**: Este es el único chakra que no influye directamente en ningún órgano interno de tu cuerpo. La posición física de este chakra está en la parte superior de tu cabeza. Sin embargo, este chakra influye en todo el campo de energía a tu alrededor. Este chakra tiene un profundo impacto en tu mente y en tu espiritualidad. Este es el chakra que literalmente puede ayudarte a elevarte por encima de tu estatura actual de ser un ser mortal temeroso a una persona que deja de temer a la muerte y, por el contrario, la acepta como una realidad. Este chakra abre las puertas de la conexión espiritual para ti. De todos los chakras del cuerpo, este es el más difícil de alcanzar, ya que no hay un camino específico para activar y energizar este chakra. El desequilibrio de poder en este chakra también puede ser el más devastador en este chakra ya que la intensidad de este chakra es la más alta, y el conocimiento para controlar realmente cualquier cosa en este chakra es muy limitado.

- **Nivel mental**: Este chakra abre la puerta para el conocimiento interno. No hay nada que quisieras saber y no sabrías. Este chakra te libera de los límites físicos del conocimiento, y, por lo tanto, tus habilidades para acumular conocimiento aumentan considerablemente.

- **Nivel emocional**: El equilibrio de energías en este chakra trae una mayor calma. Ayuda a desarrollar una comprensión más profunda de uno mismo y de los demás. Hace que no te afecte nada de lo que ocurre dentro y alrededor de ti. La completa calma emocional es el mayor regalo de este chakra. Cuando las energías en este chakra florecen, te ayudan a levantarte sobre las usuales pruebas y tribulaciones de la vida. Comienzas a entender el gran propósito de la vida y tu papel en el gran esquema de las cosas. Todo suena como un cuento de hadas, pero en gran medida, este chakra en sí mismo es como un cuento de hadas expuesto sólo a unos pocos que podrían ganar ese tipo de madurez física, mental, emocional y física.

- **Nivel espiritual**: Este es el chakra de la conciencia superior. Te ayuda a establecer una conexión más profunda con el universo. Te hace elevarte por encima de los lazos de la fisicalidad y vivir en los reinos de mayor influencia espiritual.

La ciencia de los chakras

El sistema pránico establece que hay 72.000 "ñadis" principales en nuestro cuerpo. Ayudan en la transferencia de energía o "prana" de un punto a otro. Prana' en sánscrito significa energía vital.

Hay 114 puntos de unión de estos ñadis, y esos puntos de unión se llaman chakras. De estos 114 chakras, 2 están fuera de nuestro cuerpo, y no necesitan ningún tipo de manejo. Si los otros chakras están en sincronía, esos 2 chakras permanecerán automáticamente alineados. Estos 2 chakras no tienen mucho impacto físico, pero ayudan en el proceso de iluminación y en el logro de una mayor conciencia.

Los 112 chakras restantes se dividen a su vez en 7 chakras principales. La ubicación virtual de estos chakras es a lo largo de la columna vertebral, e influyen en el sistema endocrino y el sistema nervioso.

Todas las funciones principales del cuerpo están gobernadas por el sistema nervioso y el sistema endocrino. El sistema nervioso controla la respuesta y la comunicación del cuerpo, y el sistema endocrino tiene varias glándulas sin conductos que producen varias hormonas para controlar los procesos físicos. Juntos, estos dos sistemas pueden gobernar la forma en que el cuerpo y la mente reaccionan en cualquier situación particular. Los chakras tienen una influencia directa sobre las principales glándulas endocrinas como las suprarrenales, ovarios y testículos, páncreas, timo y linfa, tiroides, pineal y glándulas pituitarias.

Los Vedas dicen que, para llevar una vida normal y saludable, no es necesario centrarse en los 112 chakras. Incluso si 21 chakras del cuerpo funcionan normalmente, una persona puede llevar una vida muy saludable, significativa y alegre. Si más de 21 chakras florecen en la vida de una persona, aumentarán la capacidad de esa persona a niveles inimaginables. Sin embargo, el problema es que la identificación y el condicionamiento selectivo es difícil. Por lo tanto, la mejor salida es conocer los problemas que pueden ocurrir debido al desequilibrio de los siete chakras principales y abordarlos.

Mucha gente también piensa que debido a que los chakras están fuera del cuerpo, es difícil manejarlos. Aunque los 7 chakras principales están fuera de nuestro cuerpo, se ven afectados por el equilibrio energético del cuerpo. Por lo tanto, es muy posible equilibrarlos y utilizarlos para influir positivamente en varios órganos de nuestro cuerpo. La ciencia de hacerlo se llama curación y equilibrio de chakras.

Los videntes y sabios meditaron durante siglos y perfeccionaron el arte de activar, equilibrar y curar los chakras. Dominaron el arte de usar los chakras para lograr la longevidad, la sabiduría y el control completo de los deseos personales. Descubrieron nuevas formas a través de las cuales los chakras podían ayudarles a mirar más allá de las cosas visibles.

La meditación de los chakras, el yoga, una dieta equilibrada, un estilo de vida saludable y otros medios similares pueden ayudar a conseguir el equilibrio adecuado en los chakras y a darle el control de la vida.

Capítulo 3: Los fundamentos de la meditación de los chakras

¿Qué es la meditación de los chakras?

La meditación de los chakras es el término utilizado para las meditaciones que ayudan a activar, desbloquear, abrir y equilibrar los chakras. Las meditaciones de los chakras son muy parecidas a otras prácticas de meditación; sin embargo, están más enfocadas a restaurar el equilibrio de los chakras. Estas meditaciones están diseñadas para activar y fortalecer centros de energía específicos en el cuerpo.

El equilibrio energético en los chakras es muy delicado, y a veces se altera muy rápidamente. Puede traer cambios específicos en su comportamiento, confianza, rasgos de carácter y gestos. Estas meditaciones pueden ayudarte a mantener el equilibrio intacto. Con la meditación de los chakras, encontrarás que mantener el flujo de la vida es muy fácil ya que tus centros de energía permanecen en completa armonía.

Los chakras tocan nuestras vidas de muchas maneras, de las más sutiles. Aunque no podamos sentirlo, la mayoría de los rasgos de nuestro carácter son el resultado del equilibrio de energía que prevalece en el cuerpo. De la misma manera, nuestro comportamiento y manierismos también cambiarían si hay un cambio en los niveles de energía de nuestros chakras.

¿Alguna vez has sentido que ya no te sientes muy seguro de las cosas de las que solías estar tan seguro? ¿Has empezado a sentirte más inseguro últimamente? ¿Sientes que has empezado a perder la confianza en las personas o en tus habilidades?

Todos estos son los signos de los cambios que se producen en los niveles de energía de varios chakras. Los chakras tienen un equilibrio muy delicado. Los niveles de energía pueden empezar a cambiar debido a varias razones como su actual estado emocional, físico o mental también. Puede haber una influencia de las energías irradiadas por las personas que te rodean. Sus niveles de actividad física, comida, e incluso los éxitos y fracasos actuales también pueden traer cambios en el equilibrio de las energías en su chakra.

El cambio es la única cosa fija en este mundo. De hecho, el cambio es constante. No puedes tener control sobre las cosas que podrían cambiar; sólo puedes intentar controlar el efecto que podrían tener en tu vida. Lo importante es entender los sutiles indicios de estos cambios y tomar medidas correctivas.

El conocimiento de los chakras le permitirá comprender estos cambios, y con la ayuda de la meditación de los chakras, podrá mantener o restaurar el equilibrio energético.

Las meditaciones de los chakras son como otras prácticas de meditación, con la única diferencia de que están más enfocadas en ciertos centros de energía, y, por lo tanto, puedes sentir los cambios más rápidamente en las áreas deseadas. Ayudan a aumentar tu confianza y también te llenan de positividad.

Las meditaciones de los chakras no requieren ninguna preparación específica aparte de las que se hacen para otras prácticas de meditación.

Las meditaciones de los chakras no son parte de la magia negra ni de ninguna otra práctica oscura.

Las sesiones de meditación de los chakras simplemente te ayudan a sentir la energía y a elevarla conscientemente para que sea más activa y efectiva.

Sin embargo, la meditación de los chakras es sólo una forma entre varios otros métodos disponibles para la curación de los chakras. De hecho, algunos de los métodos de curación de los chakras son bastante populares y prevalentes en el mundo occidental.

Los otros métodos para curar los chakras son:

* Yoga

* Reiki

* Acupuntura

* Tai Chi

* Qi Gong

Si sus chakras están desequilibrados, también puede tomar la ayuda de cristales, masajes con aceites esenciales y cambios en su estilo de vida para restaurar el equilibrio energético de su cuerpo. No importa qué práctica utilice o elija emplear una mezcla de varios métodos, lo importante es entender el desequilibrio y tomar medidas correctivas conscientes para corregirlo. Este libro le ayudará a hacerlo.

¿Por qué es importante hacer la meditación de los chakras?

Los chakras son reales, y tienen un profundo impacto en la vida de todos nosotros. Ninguno de nosotros puede permanecer sin ser afectado por su poder. Mientras haya un *"Prana Vayu"* en nuestro cuerpo o el flujo de las energías vitales, los chakras seguirán influyendo en nuestras vidas. El movimiento de la energía en el cuerpo es una constante, y los chakras son los puntos que permiten la rápida transferencia de esta energía de un punto a otro. Por lo tanto, los chakras son facetas innegables de la vida. Cuanto más tiempo los ignores, más complejos se volverán los problemas de la vida.

Es algo obvio que viene a la mente que millones de personas pasan toda su existencia ignorando este aspecto de la vida, y sin embargo son capaces de vivir su vida plenamente, entonces ¿por qué necesitas entender los chakras y las formas de curarlos? Sin embargo, si se mira de cerca, simplemente pasan sus vidas sin tener ningún control real sobre el giro de los acontecimientos en sus vidas. La mayoría de nosotros llevamos nuestras vidas sintomáticamente. Tratamos los problemas como y cuando surgen sin hacer nada para abordar la causa principal del problema. El conocimiento de los chakras te ayuda a encontrar la raíz de los problemas y a tratarla antes de que provoque un efecto dominó.

La meditación de los chakras es una de las herramientas más importantes para abordar el problema del desequilibrio de los chakras. Puede haber innumerables razones para el bloqueo de los chakras. Las razones para que un chakra se vuelva hiperactivo o suprimido pueden ser aún más. Problemas emocionales, traumas, malos recuerdos, supresión, lesiones, karma, mala dieta, estilo de vida pésimo, alto estrés, pérdida de seres queridos, engaños, y muchas otras cosas así pueden conducir al desequilibrio de los chakras. Es muy difícil controlar los factores externos en la vida, ya que suceden todo el tiempo. Lo más importante es identificar un problema de manera oportuna y abordarlo inmediatamente.

Como dice la ley de Murphy, "si algo puede ir mal, lo hará", es importante identificar las cosas que van mal y abordarlas. Aún mejor, mantener tu cuerpo en un modo en el que pueda comenzar el control de daños de una manera mucho más eficiente y efectiva. La meditación de los chakras es la forma de hacerlo.

La meditación de los chakras puede ayudarte a mantener tus chakras abiertos y en sincronía. Te permitirá mantener el flujo de energías sin problemas, de modo que ni las energías se supriman en un chakra ni se vuelvan hiperactivas en otro, ya que ambos estados pueden ser problemáticos.

Como ya se ha dicho antes, la meditación de los chakras es también como otras formas de meditación. La única diferencia es que, en la meditación de los chakras, estás más centrado en tu interior, y tratas de elevar los centros de energía específicos con la ayuda de tu conciencia. Visualizas los centros de energía y llevas energía a esas áreas. Esta meditación hace que sea prácticamente posible canalizar la energía de un área a otra. Todo lo que necesitas es concentración y determinación. La meditación de los chakras es el arte de la ciencia de aprender a hacer eso.

Los sabios y videntes desarrollaron el arte de la meditación a través de cientos de años de práctica. Es una forma muy probada de concentrar las energías de la vida y moverlas según el deseo. Sin embargo, requiere práctica, paciencia y perseverancia. El tipo correcto de ambiente y preparación puede hacer las cosas más fáciles para usted.

En esta parte, comprenderemos las formas en que podemos obtener el máximo beneficio de la meditación de los chakras.

Preparándose para la Meditación

La meditación es un proceso importante para elevar el nivel de conciencia. Es una forma de tomar conciencia de tu propio ser y de lo que te rodea. Todos sentimos que nos conocemos y tenemos un control razonable sobre nuestros cuerpos. Mientras que la verdad es que literalmente no controlamos nada en nuestro cuerpo. El cuerpo sigue funcionando por sí mismo, y no tenemos ningún control sobre su mecánica. Podríamos pensar que tenemos algún control sobre nuestra mente, pero todos sabemos muy bien que es la mente la que controla y no al revés.

La meditación es la manera de tomar control de tu cuerpo y tu mente. Es una forma de condicionar tu cuerpo y tu mente para que funcionen de cierta manera. Esto no es fácil, y no sucede por sí solo. Llevará algún tiempo y una cantidad razonable de práctica.

La meditación es la forma de provocar este cambio en tu cuerpo.

Para obtener este control, tendrás que ser más disciplinado y seguir ciertos procedimientos. Esto te ayudará a tener éxito más rápido. Si meditas correctamente, no sólo podrás tener un mejor control sobre tu cuerpo y tu mente, sino que también podrás canalizar prácticamente la energía de tu cuerpo y equilibrar tus chakras.

Aunque la meditación de los chakras es muy similar a otras formas de meditación, hay algunas diferencias importantes. Primero, la meditación regular se hace generalmente para calmar la mente y traer alivio físico. La meditación de los chakras es más específica, ya que está dirigida específicamente a canalizar la energía en ciertas áreas. Aunque también se puede seguir la meditación regular de manera relajada, para la meditación de los chakras, será importante que te sientes en ciertas posiciones y medites de una manera específica. Sin embargo, sentarse en una cierta posición no significa que tenga que ser muy difícil. Habrá alternativas más fáciles para las personas que encuentran ciertas posiciones difíciles.

En segundo lugar, aunque puedes hacer una meditación regular a tu propio ritmo y tiempo, tendrás que seguir ciertas líneas de tiempo y restricciones mientras haces la meditación de los chakras.

Estas dos simples cosas pueden ayudarte a traer el equilibrio en tus chakras y obtener un mejor control de tu cuerpo y mente. Si hay bloqueos en los chakras o algunos chakras están hiperactivos o suprimidos, también pueden ser sanados a través de estas meditaciones.

Partes importantes de la meditación de los chakras

Postura

La postura juega un papel muy importante. Al hacer la meditación de los chakras, tratas de sincronizar todos tus chakras. Para ello, es importante que permanezcan alineados correctamente para que el flujo de energía sin obstrucciones pueda ser asegurado.

Hay 8 reglas simples que debes seguir para sacar el máximo provecho de tus sesiones de meditación.

1. Mantenga su columna vertebral recta

Esta es la regla de oro de la meditación. Si tu columna vertebral no está recta, está curvada o hundida hacia atrás, empezarás a tener un fuerte dolor de espalda muy pronto, y el flujo de energía en tus chakras también se obstruirá. Por lo tanto, debes mantener tu columna recta. Si alguien no puede sentarse por largos períodos debido a cualquier condición médica, pero quiere hacer meditación de los chakras, entonces puede usar un respaldo, pero la columna vertebral debe mantenerse recta. No sólo encorvarse hacia atrás, sino también inclinarse hacia adelante o hacia los lados puede causar problemas.

Los Vedas dicen eso:

Si te inclinas hacia adelante mientras meditas, tendrás pensamientos deprimentes. En tal estado, el flujo de pensamientos positivos no es posible.

Si te encorvas hacia atrás, experimentarás inquietud, y tus pensamientos seguirán vagando por aquí y por allá. Prestar atención al proceso se volvería muy difícil para ti.

Si te inclinas un poco hacia la derecha, te sentirías letárgico y querrías salir pronto de la sesión de meditación. También podrías empezar a sentirte somnoliento.

Inclinarse hacia la izquierda llevará a un aumento de los deseos sexuales. Empezarás a tener pensamientos sexuales, y la meditación se hará difícil.

La mejor postura para la meditación es sentarse derecho.

2. Tus hombros deben permanecer relajados pero rectos

Mantener los hombros rectos ayuda a evitar que el cuerpo se incline hacia los lados. Sólo un poco de inclinación puede causar distracción, y, por lo tanto, debes mantener los hombros rectos. Si quieres mantener los hombros rectos sin tener que prestarles mucha atención durante la sesión de meditación, ajusta la posición de las manos de antemano. Elija la forma en que desea colocar sus manos. Si quieres mantenerlas en tu regazo o quieres mantenerlas en una posición doblada, cualquiera que sea la posición, debes decidirlo de antemano para asegurarte de que tus hombros no se muevan.

3. No uses el reposacabezas

El cuello juega un papel muy importante para asegurar que tu cadena de pensamientos permanezca alineada. El cuello que se mantiene recto experimenta un poco de tensión, pero eso también asegura que tengas un control activo de tus pensamientos. Si usas un reposacabezas, puedes empezar a sentirte somnoliento.

4. Levanta un poco la barbilla

Cuando meditas, tu barbilla debe ser levantada un poco. Esto te ayuda a alcanzar el estado meditativo más rápido.

5. Descansa tus manos apropiadamente

Las sesiones de meditación de los chakras pueden ser largas, y, por lo tanto, es importante que las manos estén bien apoyadas en el regazo o en las rodillas según la postura del mudra o de la mano que se requiera. Si las manos no están descansadas correctamente, pronto comenzarás a sentir la incomodidad y te distraerás.

6. Use un cojín cómodo

Necesitará sentarse durante un cierto tiempo en una postura con las piernas cruzadas. Esto puede empezar a doler si no está sentado en un cómodo cojín o alfombra. Elija con cuidado.

7. Siempre mantenga sus pies firmemente apoyados en el tapete

La meditación de los chakras implica establecer una conexión con los cinco elementos de nuestro cuerpo, y la tierra es uno de ellos. Para mantenerte en tierra, es importante que mantengas los pies bien apoyados en el suelo. Si no estás sentado firmemente, puedes empezar a tener pensamientos negativos.

8. Relájate

Es muy importante que mientras haces la meditación de los chakras, mantengas tu cuerpo y tu mente completamente relajados. Si hay algún tipo de estrés en tu cuerpo, tu enfoque seguirá cambiando repetidamente.

Postura sentada

Pose de loto completo

La mejor manera de sentarse para la meditación de los chakras es la postura de loto completa, ya que ejerce presión en los puntos correctos y hace que se alcance rápidamente el estado meditativo. Te mantiene firmemente arraigado en el suelo, y la base de tu columna vertebral casi toca el suelo. Por lo tanto, el chakra de la raíz será capaz de hacer contacto con el suelo fácilmente.

La mitad de la postura de loto

En caso de que encuentre difícil la postura de loto completo, también puede sentarse en la postura de medio loto.

Cuarto de loto Pose

Esta es una posición fácil en la que puedes mantener uno de tus pies en el otro muslo y dejar que el otro pie se apoye en la alfombra.

Posición de Birmania

Si encuentras todas las posiciones de loto, puedes empezar con la posición birmana y luego lentamente elegir las posturas de loto.

Respiración

La respiración es una parte muy importante de la meditación. La respiración te ayuda a inhalar el "Prana Vayu" o energía vital y a exhalar toda la negatividad dentro de ti. Es importante llevar a cabo la respiración de la manera correcta.

Debes inhalar y exhalar muy lentamente cuando medites.

Debes inhalar por la nariz lentamente y exhalar por la boca aún más lentamente.

Sus exhalaciones deben ser más largas que sus inhalaciones.

Esto te ayudaría a atraer más energía positiva y a sacar aún más negatividad.

Tiempo

Las meditaciones de los chakras deben realizarse en momentos específicos del día. Normalmente es muy bueno hacer la meditación de los chakras temprano en la mañana. Si la hora de la meditación corresponde a la hora justo antes del amanecer, sería aún mejor. Hacerlo por la noche también es bueno. Debes tener en cuenta la duración de cada meditación.

Lugar

Es muy importante que hagas la meditación de los chakras en un lugar fijo. Hay algunas razones muy importantes para esto.

Cuando estás haciendo meditación de chakra, estás tratando de lidiar con las energías. La meditación ayuda en la generación de energía positiva. Esta energía positiva se mantiene en el lugar donde meditas incluso después de haber terminado la meditación. Por lo tanto, la próxima vez que te sientes allí para meditar, ya habrá alguna energía positiva en ese lugar. Te ayudará a concentrarte más rápido.

Si sigues cambiando el lugar de tu meditación o meditas en lugares al azar, no tendrás esta ventaja. Hacer la meditación en cualquier lugar está bien siempre y cuando lo hagas para relajarte o aliviar la ansiedad. Sin embargo, cuando lo haces para equilibrar tus energías, es importante que recibas toda la ayuda posible.

Prepara el lugar de tu meditación cuidadosamente. Si puede encontrar una habitación separada para la meditación, entonces sería maravilloso; sin embargo, si eso no es posible, asegúrese de que haya una mínima intrusión de alguien más en esa habitación. Cada persona tiene su aura o campo de energía. Ese campo de energía interactuará con el campo de energía creado en su habitación. Si personas al azar siguen caminando en esa habitación, será muy difícil controlar la interacción de las energías negativas.

También debes mantener el lugar de meditación lo más limpio y despejado posible. Incluso los objetos tienen su propio campo de energía que puede interferir.

Enciende palos de incienso y velas en el lugar de tu meditación y trata de mantenerlo bien iluminado. Esto infundirá energía positiva en esa área.

Capítulo 4: Otros métodos de curación y equilibrio de los chakras

Los chakras no son más que centros de energía, y, por lo tanto, se ven influenciados por varias cosas que tienen sus propios campos de energía como los cristales y los aceites esenciales. No sólo eso, con la ayuda del yoga puedes influenciar tus chakras, ya que el yoga asegura que el flujo de energía en el cuerpo no se vea obstruido.

No sólo esto, usando colores, vibraciones de sonido o mantras, y dietas específicas, puedes influenciar el flujo de energía en tu cuerpo.

La mejor manera es usar tantos de estos métodos como sea posible junto con la meditación para que el equilibrio de energía en sus chakras se restablezca rápidamente.

Sin embargo, hay procedimientos específicos para utilizar cada método.

Yoga

El yoga es un ejercicio muy útil que te ayuda a fortalecer tu cuerpo y tu mente para lidiar con energías más altas. El yoga también te permite sentarte en la posición meditativa por períodos más largos. De hecho, la meditación es también una parte del yoga. De las 8 partes del yoga, las cuatro superioras están relacionadas con el control de la respiración y la entrada en el estado meditativo.

Si quieres hacer meditación de chakras durante más tiempo y quieres sacarle el máximo provecho, varias posturas de yoga pueden ayudarte a restaurar el flujo de energía en varios chakras. Leeremos sobre todas las posturas de yoga en detalle mientras discutimos la curación de cada chakra.

Cristales

Los cristales son rocas naturales que son ricas en ciertos elementos. Todos sabemos que cada cristal irradia la energía de un tipo diferente. Esto puede ser usado para manejar el déficit de energía en cualquier chakra específico de tu cuerpo. También puedes usar los cristales para cancelar ciertas energías en caso de que algún chakra específico de tu cuerpo se haya vuelto hiperactivo.

Sin embargo, mientras se manejan los chakras, es importante que se tenga cuidado ya que los chakras absorben las energías de todas las personas que los han manejado. Por lo tanto, antes de empezar a usar cualquier chakra, es importante purificar ese chakra para limpiar la influencia de las energías anteriores.

Puedes seguir 3 simples maneras de limpiar los cristales antes de usarlos:

Mancha con Salvia Blanca

La salvia blanca puede ayudar a limpiar la influencia de las energías en los cristales. Simplemente toma la salvia blanca y enciéndela. Una vez que se encienda, apague la llama y deje que el humo de la salvia blanca pase sobre los cristales. Esto limpia el efecto de las energías pasadas sobre los cristales.

Mantenerlos bajo la luz de la luna

Antes de empezar a usar los cristales, simplemente colóquelos bajo la luz de la luna en su terraza o en cualquier otro lugar donde puedan absorber la luz de la luna durante toda la noche.

Este simple proceso ayudará a limpiar la influencia negativa de las energías de los cristales.

Mantenerlos bajo el agua corriente

Mantener los cristales bajo agua corriente durante unos minutos es también una buena manera de limpiar la influencia de las energías negativas de los cristales. Mientras mantengas los cristales bajo agua corriente, debes asegurarte de que los cristales no tengan un contenido salino muy alto. Los cristales blandos con alto contenido de sal comenzarán a disolverse bajo el agua corriente. Para ellos, puedes usar otros métodos de limpieza descritos anteriormente.

Aceites esenciales

Los aceites esenciales son extractos de plantas con un aroma distintivo. La aromaterapia ha surgido como una práctica bien conocida para la curación de diversos problemas. En el Ayurveda, los aceites esenciales se han utilizado para el tratamiento de enfermedades, y también desempeñan un papel en la restauración del equilibrio energético del cuerpo.

Puede utilizar algunos aceites esenciales específicos para tratar el desequilibrio energético de su cuerpo. El uso de los aceites esenciales es muy sencillo. Puede tomar 5-6 gotas de aceites esenciales y mezclarlos con algún aceite vehicular como el aceite de jojoba y aplicarlos directamente en el lugar afectado. También puede frotarlos en las palmas de las manos y luego masajear el chakra afectado para aliviarlo.

El uso de estos métodos externos te ayuda a restaurar el equilibrio de los chakras más rápidamente. Estas son herramientas simples que pueden seguir trabajando junto con tu meditación y proveer un efecto adicional. El uso de estos métodos es simple y no requiere mucho esfuerzo extra. Sin embargo, las ventajas de usarlos son muchas.

Capítulo 5: Introducción de los 7 chakras

Hay 7 chakras principales, y cada chakra tiene sus propias características. Comprender estas características puede ayudarte a identificar tus chakras fuertes, así como los chakras, que pueden tener un desequilibrio energético.

Es importante entender que los chakras no producen energía. Son sólo los centros de transferencia de energía en tu cuerpo. Son los puntos donde los grupos de chakras menores envían sus energías, y luego estos chakras tienen que mantener el flujo de esa energía a través del cuerpo. Siempre que hay un bloqueo en un chakra, no sólo crea un problema en ese chakra, sino que también crea un problema para otros chakras. Es la misma energía que ha pasado del chakra de la raíz que también irá al chakra de la corona. Sólo la intensidad del flujo de energía sigue cambiando a medida que sube la escalera.

Todos los chakras son poderosos y pueden tener un profundo impacto en tu vida. Cada chakra tiene sus propias cualidades e intensidad de expresión. Los tres chakras inferiores te afectan físicamente. Su impacto es más en la naturaleza física. A nivel físico, no experimentas la vida muy intensamente. Te afectan localmente, y, por lo tanto, cualquier cambio que puedas experimentar vendrá de dentro. Los cambios serían sutiles y a menudo equivocados.

Sin embargo, a medida que avanzas, la intensidad de tu experiencia comienza a aumentar. Empiezas a experimentar la vida con mayor intensidad. Tu experiencia comienza a cruzar los límites de la fisicalidad, y, por lo tanto, no sólo tú, sino incluso otros pueden sentir los cambios que vienen en ti rápidamente. El chakra superior puede no ser muy sutil.

Cada chakra tiene sus propias cualidades. Ayuda a establecer un conjunto de características. Sin embargo, cuando las energías en ese chakra se sobren expresan, esas cualidades pueden volverse muy intensas y tomar una forma negativa para los demás a tu alrededor. Si un chakra está hiperactivo en tu cuerpo, la gente a tu alrededor será capaz de sentir la expresión de esas energías.

Por otro lado, si las energías en un chakra son bajas, puede que no encuentren una expresión adecuada. Significa que las cualidades que un chakra trae pueden no desarrollarse completamente en ti. Puedes experimentar un retraso en el crecimiento de ciertas cualidades. La influencia negativa de esto puede ser mayor en ti.

Es muy importante que las energías permanezcan equilibradas, y que todos los chakras estén en sincronía.

Algunas personas tratan de activar sólo un chakra y no prestan atención a los demás. Incluso esta es una práctica errónea. Es muy importante entender que los chakras no funcionan como unidades individuales. Cada chakra irradia constantemente energía que se transfiere al siguiente chakra. Actúan como un vórtice giratorio de energía. No son estáticos por naturaleza. Si intentas activar un chakra sin asegurarte de que todos los demás chakras estén abiertos, es muy probable que las energías de ese chakra se vuelvan hiperactivas, y eso también te causaría problemas.

Por lo tanto, es importante que mientras intentes activar un chakra, debes asegurarte de que todos los demás chakras están abiertos y en sincronía. Sólo entonces podrás beneficiarte.

Muladhara - El Chakra Raíz

Este es el chakra base del cuerpo. En sánscrito, la palabra "Mula" significa "fundamento" o "raíz". Este chakra está asociado con tu conexión con tus raíces. Te proporciona el efecto de base. Tus huesos, columna, pelvis, recto, piernas, sistema inmunológico, sistema nervioso, pies y sexualidad están influenciados por este chakra.

Este es el primer chakra del cuerpo, y también el primero en abrirse. Está activo incluso cuando todavía estás en el útero de la madre. Este es el chakra de los sentimientos básicos. Si el chakra de la raíz es poderoso en tu cuerpo, sólo la supervivencia sería tu principal preocupación. La comida y el sueño serían tus principales preocupaciones en la vida. Lo más importante que buscarías es la seguridad y la protección. Este chakra es muy activo en los niños, y esa es la razón por la que incluso cuando no tienen conciencia de nada más, tienen algunos temores básicos de seguridad. Sin embargo, a medida que crecen, este chakra evoluciona, y el miedo es reemplazado por la lógica y la estructura. Este chakra llama al orden en la vida. Sin embargo, el foco de este chakra normalmente sigue siendo los sentimientos primarios. Este chakra siempre persigue la familia, la seguridad del grupo, y la seguridad. La necesidad de cumplir con los requisitos básicos de la vida siempre es la principal preocupación de este chakra.

Chakra Raíz Activo y Equilibrado

Si su chakra raíz está equilibrado y completamente activo, se sentirá humilde, educado, con los pies en la tierra y completamente enraizado en la realidad. Este chakra te hace una persona con prioridades claras. Siempre estarás centrado en tus objetivos, y no te dejes influenciar por ideas extravagantes y esquemas Ponzi. Este chakra también trae consigo el regalo de la salud. Te hará sentir con energía y lleno de vida. La gente con un chakra raíz equilibrado nunca siente la escasez de energía física. Este es el chakra que te establece en este mundo. Si vivir en este mundo plenamente es tu deseo, este es el chakra para empezar. Aunque el chakra sacro es conocido por proporcionar habilidades de búsqueda de placer, pero las capacidades para disfrutar de esos placeres vienen sólo a través del chakra de la raíz.

El chakra de la raíz ayuda en el desarrollo de los cinco sentidos que le ayudan a descubrir este mundo por completo. De hecho, si el camino espiritual es lo que buscas, no sería posible sin la apertura de este chakra. Este chakra te mantiene conectado a la realidad cuando estás tratando con un mundo de percepción. Los límites físicos parecen disminuir en los chakras superiores, y empiezan a tratar con energías que pueden ser muy poderosas. Pueden empezar a jugar con tu mente, y puedes empezar a ver y sentir cosas que son irreales. Incluso en esas circunstancias, si tu chakra de la raíz está abierto y activo, te mantendrá firmemente anclado en la realidad. No te sentirás asustado o paranoico como mucha gente que no tiene un chakra raíz activo.

Este es el chakra más básico pero muy importante. Este chakra está abierto desde el principio, pero puede bloquearse muy fácilmente. El estrés, el miedo, las inseguridades, los celos, la codicia, la pérdida y la lujuria son algunos de los sentimientos que pueden llevar al desarrollo de energías negativas en este chakra. A nivel físico, si estás tratando de perder peso, mantener este chakra activo es muy importante. El desequilibrio en las energías de este chakra puede llevar a un inesperado aumento de peso además de otros problemas.

Chakra Raíz Hiperactivo

Si tu chakra raíz está hiperactivo, puede hacerte una persona despreciable. Puede inflar tu ego y hacerte una persona que ha perdido la conexión con la tierra. De una persona humilde, puede transformarte en una persona dominante que no consideraría los sentimientos de los demás. La codicia por adquirir todo se convertirá en tu cualidad definitoria. Aunque no seas capaz de acumular grandes riquezas, tendrías la insaciable lujuria por el poder y el éxito. Tu adicción a la riqueza puede convertirse en una degradación. Uno de los aspectos más preocupantes del hiperactivo chakra de la raíz es el uso indiscriminado de la energía sexual. Se acumula mucha energía sexual nerviosa que nunca es buena para nadie, ni para la víctima ni para el culpable.

Chakra Raíz poco activo

Las bajas energías en este chakra pueden hacerte aparecer como una persona poco segura y soñadora. Tendrías que conectarte con las realidades de la tierra, y podrías simplemente permanecer enganchado a un mundo de ensueño. Estas personas siempre están ocupadas haciendo planes multimillonarios que no tienen una aplicación práctica. Siguen culpando a otros, pero no pueden tomar ninguna acción por su cuenta. La debilidad física, moral y sexual es también una característica de las personas que caen en esta categoría. Este chakra proporciona poder y estabilidad que te hace fuerte, pero si este chakra carece de energía, parecerías deslucido.

A las personas con un chakra radicular débil les resultaría muy difícil lograr sus objetivos. No importa cuánto lo intenten según su estándar, nunca parece ser suficiente. Esto sucede porque están viviendo en su propio mundo con estándares cambiantes para todo. Comienzan a moverse en un camino de autodestrucción sin darse cuenta.

El chakra de la raíz de baja energía también puede llenar a esas personas de grandes inseguridades. Este chakra proporciona instintos de supervivencia; sin embargo, cuando está bajo de energía, la respuesta de huida es muy alta en las personas. Tales personas se sienten inseguras de todo y empiezan a desconfiar de la gente. Sentirse no amado o abandonado es muy común en ellos.

Un chakra raíz débil no permitirá un flujo suave de energía incluso en otros chakras, y, por lo tanto, es muy importante que el desequilibrio en este chakra se corrija lo antes posible.

Los problemas físicos relacionados con este chakra

Las personas que tienen un desequilibrio en este chakra pueden enfrentarse a problemas crónicos de dolor de espalda, especialmente en la región lumbar. Como este chakra también influye en la parte inferior del cuerpo, la ciática y otros problemas de este tipo también pueden aparecer. Las venas varicosas también pueden afectar a las personas con un desequilibrio de energías en este chakra.

Este chakra también puede causar trastornos relacionados con el sistema inmunológico, diarrea, estreñimiento, infecciones del tracto urinario y cálculos renales.

Las personas que tienen un chakra radicular deficiente pueden desarrollar miedos irracionales y también pueden sufrir de depresión clínica. Su salud financiera también sigue disminuyendo debido a sus planes ilógicos y a la falta de medidas concretas en sus carreras.

Svadhishthana - El Chakra Sacro

Este es el chakra del buscador de placer. Este es el chakra de la alegría. Este chakra comienza a abrirse una vez que el niño comienza a cruzar la edad de 2 años. Este chakra abre todo un nuevo mundo de posibilidades ilimitadas de ser feliz. En un niño, sólo dos chakras principales funcionan, y mientras el niño vive en una estatua protegida, el miedo al chakra de la raíz es bajo. Por lo tanto, el niño es el mayor buscador de placer. Necesitarías fuerza para convertir la alegría de un niño en dolor. Los niños no necesitan razones para ser felices. Ser felices es su segunda naturaleza, gracias a este chakra. Para ellos, todo lo que les rodea es una nueva experiencia, y, por lo tanto, quieren sentir y absorber todo. A medida que crecen, otros chakras también se activan y empiezan a influir en su naturaleza; sin embargo, las cualidades básicas del chakra sacro están siempre presentes.

Una persona con energías equilibradas en el chakra sacro sería un buscador de placer en los verdaderos sentidos. El significado de "Sva" en sánscrito es el propio. Este es el chakra que te establece plenamente en este mundo. Ayuda en la inmersión completa. Los cinco sentidos encuentran una expresión completa en este chakra. Podrás disfrutar de cada reliquia que encuentres. Anhelarás liberarte de la monotonía del mundo y explorar nuevos caminos. Incluso en las cosas normales, encontrarías extraordinarias oportunidades para disfrutar, y tu mente está constantemente buscando placer en todo. Este chakra simplemente hace que te intereses en todo lo que te rodea.

El chakra sacro es el segundo chakra, y, por lo tanto, su impacto físico en ti es muy alto. La ubicación física de este chakra está alrededor de dos pulgadas por debajo de la región de tu ombligo, e influye en tus habilidades de reproducción. Como este chakra es realmente dado a la búsqueda de placeres del cuerpo y la mente, cualquier desequilibrio en este chakra puede conducir a la sobreexpresión de las energías sexuales. Los peligros de desarrollar tendencias adictivas también son grandes si este chakra se desequilibra.

Las personas con problemas en este chakra suelen tener problemas con el dinero, el sexo y el poder, ya que son las principales fuentes de placer. El desequilibrio en el chakra puede fácilmente hacerte cruzar los límites de la ética y el honor en las relaciones. El desarrollo de una profunda culpa también es muy posible ya que la gente no es capaz de llegar a un acuerdo con sus acciones.

Chakra sacro activo y equilibrado

Este chakra te llenará de un optimismo impecable. No hay nada en lo que no veas una oportunidad. No verías las cosas de forma negativa ya que todo abre una oportunidad para explorar. Este chakra también te hace una persona muy amigable y cariñosa. Tendrías una preocupación genuina por la gente que te rodea, ya que también contribuyen al alegre ambiente.

El mayor punto positivo de este chakra es que te infunde un sentido de pertenencia. Rara vez te sientes fuera de lugar o indeseado. Todos tus cinco sentidos florecen cuando este chakra está equilibrado, y, por lo tanto, puedes sentir realmente este mundo. Esto significaría que te volverías creativo, intuitivo e imaginativo. La gente con energías equilibradas en el chakra sacro se siente muy cómoda con sus sentimientos. No son tímidos a la hora de admitir sus sentimientos. Esto los hace francos y extrovertidos. Pueden tener un gran sentido del humor ya que a nadie le gusta reírse abiertamente como ellos.

El mayor activo del chakra sacro es que te ayuda a establecer una conexión sólida con este mundo. Este chakra hace que vivir esta vida sea una experiencia emocionante y alegre. Hay muy pocos momentos aburridos que pasan sin incidentes. Este chakra se abre muy temprano en la vida, y, por lo tanto, tiene mucho tiempo para desarrollarse. A medida que creces y tus chakras superiores empiezan a dominar tu personalidad, muchas características de otros chakras pueden ser suprimidas. Sin embargo, algunas de las cualidades del chakra sacro todavía se expresan en tu personalidad, ya que se convierten en tu segunda naturaleza. El desarrollo completo y el funcionamiento adecuado de este chakra son muy importantes, y si quieres vivir una vida llena de experiencias y alegría.

Esto se llama el chakra de los buscadores de placer, pero no significa que te impulse hacia la vida pecaminosa y te haga indulgente. Simplemente significa que mejoraría tus habilidades para experimentar este mundo. Mientras quieras disfrutar de este mundo, tendrás la capacidad de hacerlo. Encontrarás a muchas personas a su alrededor que han perdido la capacidad de ser felices. No es que estén tristes o que les falte algo en la vida, pero ser gruñón se convierte en su segunda naturaleza. Necesitan razones para ser felices mientras que debería ser al revés. La gente comienza a perder interés en tener sexo con sus parejas y se convierte en un caballo de batalla debido a su incapacidad de encontrar placer en cualquier otro lugar. Todas estas personas tienen problemas en su chakra sacro, y resolver los problemas puede devolverles la vida.

Chakra sacro hiperactivo

Mientras que un chakra sacro equilibrado te hace una persona jovial con un gran sentido del humor, el exceso de energía en este chakra puede hacer que una persona sea emocionalmente explosiva, agresiva y abusiva. Puede hacer que te derrumbes ante los placeres carnales y desde ese punto, no hay vuelta atrás. El exceso de energía es el mayor problema que enfrenta la gente cuando este chakra se vuelve hiperactivo. Hay una especie de adicción al placer que la gente siente la mayor parte del tiempo, y se sienten atraídos hacia ella. Esto le quita toda la productividad a la vida.

Otro problema que crea este chakra es que te hace una persona egoísta, y la gente generalmente no duda en volverse demasiado manipuladora por eso. Esto elimina la confianza de la ecuación.

Si las energías son muy altas en este chakra, también pueden empujarte a un mundo de ilusión que simplemente no existe en ningún nivel.

El sexo es también una parte importante del problema en este chakra. La gente desarrolla una obsesión antinatural por el sexo cuando las energías de este chakra están hiperactivas. Puede comenzar a tener pensamientos obsesivos sobre el sexo y los actos sexuales que no son naturales. Todo tu mundo comienza a girar alrededor del sexo y te empuja hacia la perversión. Puede que te haga ver a la gente sólo como un objeto sexual, y tendrías un poder de discernimiento limitado para considerarlos de otra manera. Esta es una etapa peligrosa, ya que este comportamiento no sólo es inmoral sino peligroso. Si usted es testigo de cualquier signo de este comportamiento, debe buscar ayuda inmediatamente.

Chakra sacro poco activo

Si las energías en este chakra son bajas, su capacidad para absorber este mundo se limita. Encontrarías muy difícil abrirte y explorar este mundo. Te hace una persona tímida y extremadamente tímida. Incluso las pequeñas cosas en la vida pueden inmovilizarte con el miedo. Puedes atormentarte con cosas innecesarias en la vida. La alegría es un bien precioso para las personas que caen en esta categoría. No es la falta de oportunidades para ser feliz, sino la incapacidad de ser feliz, ese es el problema.

La gente en esta categoría resulta ser demasiado sensible a las cosas. Tienen una piel muy fina y pueden sentirse heridos incluso por palabras y acciones inocentes. No es la actitud insensible de los demás, sino sus emociones reprimidas y enterradas lo que les hace sentir así. Estas personas generalmente se sienten resentidas con los demás y también tienen sentimientos de auto negación.

La cuestión principal es que tienen un menor apetito por la felicidad, y simplemente no se consideran dignos de disfrutar abiertamente.

Estas son algunas emociones muy negativas, y llevan al desarrollo de una actitud desconfiada. Tales personas tienen el deseo de ser felices, pero no la capacidad de mostrarlo abiertamente. No pueden buscar el placer en público, y, por lo tanto, siempre lo planean en privado. Esto significa que también pueden llegar a ser conspiradores.

La baja energía en el chakra sacro también puede llevar al desarrollo en las áreas sexuales. Tales personas pueden volverse frígidas o impotentes. También pueden tener dificultades para concebir. Generalmente se sienten culpables por el sexo, y eso también puede llevar a abusos.

Los problemas físicos relacionados con este chakra

Los problemas físicos más comunes a los que se enfrentan las personas que sufren de un desequilibrio energético en este chakra son los problemas de potencia sexual y las infecciones del tracto urinario. Sin embargo, las personas también sufren de dolor en la parte baja de la espalda, problemas ginecológicos y ciática.

Manipura- El chakra del plexo solar

Este es el chakra de la gente proactiva. Te infunde una energía ilimitada para trabajar incansablemente hacia una meta establecida. Este es el chakra que te convierte en el motor de cualquier proyecto u organización. La palabra "Mani" significa "joya" en sánscrito y "Pura" significa ciudad o lugar. Este chakra es la ciudad de las joyas según los Vedas. Dicen que una persona en la que este chakra ha florecido completamente no conocerá límites cuando se trata de conquistar o lograr. Ninguna meta sería lo suficientemente grande para tal persona.

Este chakra te convierte en la estrella de cualquier organización porque serás una inspiración para los demás. Serás el solucionador de problemas o el solucionador de problemas. No ves impedimentos en el camino sólo oportunidades de aprendizaje, la actitud de este chakra es muy optimista.

El poder personal es la fuerza de este chakra. Este es el chakra superior que te mantiene atado a la fisicalidad. El primer chakra que hace te ayuda a permanecer conectado a las raíces. El segundo te ayuda a formar un vínculo de interacción estrecha con el mundo. El tercer chakra te ayuda a añadir tu contribución a este mundo para que puedas formar un vínculo integral de propiedad.

Este chakra te llena de energía ilimitada para transformarte. Te da el poder de cambiar las cosas que no te gustan. Este no es el chakra de la aceptación de las cosas como son. Te ayuda a moldearlas como quieras.

El color de este chakra es amarillo brillante como el color de los rayos del sol. Este es el color que simboliza el poder y la prosperidad. Al igual que el sol, este chakra también está lleno de energía para hacer lo que quiera. Te da el apetito de tomar desafíos inimaginables y cumplirlos.

Chakra del Plexo Solar activo y equilibrado

Si las energías de este chakra están equilibradas, te hará proactivo y poderoso. Te convertirías en una persona que tendría la capacidad de digerir la vida tal como es. Preocuparse por las cosas no sería tu parte del juego.

Las personas con un chakra del plexo solar equilibrado encuentran su don en los primeros momentos de sus vidas. No están haciendo tonterías por mucho tiempo y tienen su camino trazado claramente delante de ellos. Hay muy poco margen de ambigüedad en este chakra.

Como persona, las personas con el chakra del plexo solar equilibrado serían alegres, extrovertidas, respetuosas y confiadas. Sería natural que tuvieran un gran poder personal que se reflejara en su comportamiento.

Las personas con un chakra del plexo solar fuerte son hábiles, inteligentes y espontáneas. No necesitan ser empujados a la acción ya que siempre están listos para dar el salto. La proactividad es su fuerte y su naturaleza. Les encantaría tomar nuevos desafíos y no dudarían en tomar riesgos que pueden dar buenos resultados. Estas personas son empresarios natos.

Trabajar duro no es una compulsión sino la naturaleza de estas personas, y eso es lo que las presenta como inspiración en los ambientes de trabajo. Dan el ejemplo y pueden cargar cualquier habitación con su presencia.

Chakra del plexo solar hiperactivo

Este es un chakra que ya está lleno de mucha energía. Te mantiene todo cargado internamente en todo momento. Sin embargo, en caso de que las energías en este chakra se vuelvan hiperactivas, pueden llegar a ser demasiado para que las personas las soporten. Hay una línea muy delgada que diferencia entre una persona trabajadora y una adicta al trabajo. Tales personas fácilmente traspasan los límites personales y resultan ser dominantes.

Estas personas empiezan a esperar que otros trabajen como ellos y se vuelven demasiado críticos. Esta es un área en la que empiezan a causar molestias a los demás. Su adicción a realizar acciones de una manera particular y la consideración de que esa manera es la mejor puede presentarlos como un perfeccionista. Todas estas cosas hacen que el trabajo con ellos sea difícil. Así que, incluso un poco de energía extra en este chakra puede fácilmente desequilibrarlo.

A medida que subes la escalera, el equilibrio de poder en los chakras se vuelve delicado. Esto sucede porque el nivel de intensidad en cada chakra comienza a aumentar. Los chakras superiores ya están tan cargados que incluso un poco de exceso puede desequilibrarlos. Esto sucede con este chakra fácilmente.

Las personas con exceso de energía en este chakra parecen demasiado exigentes e injustificadas. No sólo esto, sino que también suenan demasiado intelectuales, lo que es difícil de entender para los demás. Simplemente empiezan a perder la conexión con la tierra.

El exceso de energía en este chakra no sólo plantea problemas con los subordinados, sino también con las personas de autoridad. Una persona con un chakra del plexo solar hiperactivo encontraría muy difícil recibir órdenes y estaría resentida con la autoridad. El exceso de energía los llena de tanto exceso de confianza y del complejo de superioridad que les resulta difícil aceptar que otros den órdenes.

Todo esto puede crear mucha presión en estas personas, y tomar la ayuda de las drogas y otras adicciones es común.

Chakra del Plexo Solar poco activo

La baja energía en este chakra puede ser catastrófica en lo que respecta a la personalidad. Esto puede hacer que te sientas poco seguro de ti mismo y deprimido. Sería un duro opuesto a la verdadera naturaleza, y, por lo tanto, habrá una gran lucha en el interior.

Estas personas empiezan a preocuparse más por la opinión de los demás y piensan menos en lo que deben hacer. Su vida comienza a girar alrededor de la opinión de los demás. Esto les quita el control de la vida y se lo da a los demás. Puede hacerles sentir miserables.

Pueden volverse temerosos y desconfiados de los demás. De hecho, preocuparse por los demás se convierte en su segunda naturaleza, y, por lo tanto, pierden todo tipo de iniciativa en la vida. Tienen miedo de estar solos y necesitan que se les tranquilice constantemente. Pueden desarrollar una mala digestión de los alimentos y también de este mundo. Los celos y el desprecio vienen caminando en sus vidas, y no son capaces de resistir la tentación.

Los problemas físicos relacionados con este chakra

Los problemas pancreáticos, la diabetes, la hipertensión y la disfunción hepática son comunes en las personas que se enfrentan a un desequilibrio en este chakra. La indigestión, los problemas intestinales y las úlceras también se notan en ellos. Estas personas también pueden sufrir de artritis, bulimia y disfunción suprarrenal.

Anahata - El chakra del corazón

Este es uno de los chakras más importantes e interesantes del sistema de 7 chakras. Es un chakra que no se encuentra en los tres superiores, ni tampoco en los tres inferiores. Por lo tanto, ni te ata a la tierra ni ayuda a la liberación. Está en algún lugar en el centro proveyendo un punto medio. Te prepara para la liberación final y también te enseña la importancia del apego.

Este chakra juega un papel muy importante en nuestra fisicalidad y uno igualmente importante, si no más, en el nivel emocional y espiritual. El significado de la palabra sánscrita "Anahata" es "el sonido no golpeado". Significa un sonido que ha estado ahí eternamente y no tiene punto de origen. Anahata es la confluencia de dos tipos muy diferentes de energías. Los chakras inferiores son de naturaleza muy física, y sus poderes son atraídos hacia el interior; los chakras superiores son de naturaleza intelectual y espiritual y sus poderes son atraídos hacia el exterior. Pero este es el punto que permite el paso de los poderes de los chakras superiores hacia abajo y también permite que la energía de los chakras inferiores se mueva hacia arriba para completar el ciclo. Por lo tanto, este chakra tiene las cualidades de ambos niveles.

Anahata también se llama el chakra del corazón, ya que se encuentra en la región del corazón. En este nivel, la armonía es muy importante. Este nivel no se trata de la lucha o el combate. En este punto, el chakra de la energía está luchando por lograr un equilibrio entre dos fuerzas opuestas. Este chakra comienza a expresarse en nosotros entre los 6 y 12 años. Esto es más o menos al mismo tiempo que el desarrollo sexual también está teniendo lugar en el cuerpo, y, por lo tanto, este chakra también representa esa lucha donde descubres la verdadera naturaleza de tu sexualidad. Los Vedas no trazan una línea sobre la sexualidad. Según los textos, el hombre y la mujer son dos interpretaciones diferentes del mismo poder. De hecho, tenemos todas las cualidades del sexo opuesto; es sólo cuestión de encontrar la expresión correcta. Cualquier cualidad que sea más fuerte encontrará su expresión en nuestra personalidad. De hecho, Shiva, el último y fundador de los principios de los chakras, tiene una forma en la que es un hombre y una mujer al mismo tiempo.

El chakra del corazón es todo acerca de la fluidez. No hay nada rígido en este chakra. Este chakra anhela establecer una relación. El amor, la creatividad, y la expresión de las artes creativas son el pilar de este chakra. Si el chakra del corazón florece en tu cuerpo, te hará una persona creativa. No tienes que ser necesariamente un artista. Pero tendrás el poder de entender y apreciar el arte. Tu vida será más intensa que la de los demás. Sentirás las cosas de la vida más intensamente. Tus emociones serán más fuertes, y tus anhelos serán diferentes.

Chakra cardíaco activo y equilibrado

Si este chakra está equilibrado en tu cuerpo, estarías física y mentalmente en sincronía. Significa que te sentirás perfectamente cómodo en tu piel. No tendrías las inseguridades habituales. Ni agresión ni melodrama innecesario, tu comportamiento estaría por encima de estos gestos. Este es un chakra de la empatía. Te da el poder de sentir el dolor y los problemas de los demás. Te volverías compasivo y amigable.

Una de las mayores fortalezas de este chakra es que te hace capaz de servir. El servicio a la comunidad o el servicio social es algo natural para las personas con un chakra del corazón fuerte. Tendrías un ojo genuino para ver lo bueno en la gente que te rodea, y eso en última instancia te hace una persona aún mejor.

El poder de discernimiento es otro don de este chakra. La gente con poder en este chakra rara vez se deja engañar por la falsedad. Es muy difícil engañarlos y aprovecharse de su bondad.

El chakra del corazón también te hace capaz de mostrar y aceptar el amor. Esto puede parecer algo tan simple, pero en realidad, no lo es. Todos estamos normalmente haciendo un intercambio. Elegimos amar a la gente por las cosas que pueden aportar a nuestras vidas y no por su mérito. Queremos algo concreto a cambio del amor que damos, y eso realmente lleva a la mayoría de las consecuencias en las relaciones. El chakra del corazón puede ayudarte genuinamente a amar a los demás incondicionalmente. La entrega completa en el amor es algo difícil de conseguir normalmente, pero viene naturalmente con este chakra en equilibrio.

Chakra cardíaco hiperactivo

Si las energías de este chakra se descontrolan, pueden hacerte exigente, posesivo y tacaño. Tales personas son demasiado críticas con los demás, y eso hace que las relaciones sean difíciles.

Debido a este chakra, hay un anhelo innato de amor y relación, pero el desequilibrio energético hace que las relaciones sean muy difíciles. La gente comienza a poner condiciones al amor, y eso los deja insostenibles a largo plazo. Si has estado enfrentando problemas en las relaciones en las que te resulta difícil comprometerte plenamente, confiar en los demás, o tratas de retener tu amor, estos son claros signos de exceso de energía en este chakra.

También puede hacerte melodramático y también puede tener el complejo de mártir. Si esto continúa por mucho tiempo, puede causar serios problemas en las relaciones e incluso en tu personalidad.

Chakra cardíaco poco activo

Si las energías de este chakra son suprimidas, puede que tengas problemas para encontrar el equilibrio. Puede llenarte de todo tipo de miedos ya que los intensos chakras superiores empiezan a ejercer presión, y los inferiores siguen intentando empujar hacia arriba. Todo esto puede llevar a una especie de paranoia.

Tales personas siempre permanecerían indecisas, y su poder de discernimiento sería débil. Nunca serían capaces de decidir realmente sobre las cosas de la vida. Esta indecisión es la que más afecta a sus relaciones.

Estas personas también encuentran muy difícil dejar ir las cosas, aunque ya no tienen el poder de aferrarse a ellas. Este es un gran problema ya que los mantiene colgando también. Tienen miedo de estar solos, pero también tienen miedo de ser libres. Puede que les resulte difícil confiar en los demás y comprometerse, pero también tienen miedo de ser abandonados en el mismo grado.

Necesitan que se les asegure constantemente todo en la vida, incluso su propia valía, mientras intentan menospreciar a todos los demás en el camino simple con el fin de demostrar su valor. Su personalidad se convierte en un perfecto ejemplo de contradicciones.

El temor a la indignidad es uno de los mayores temores que se apodera de una persona cuando este chakra está bajo de energía. Este chakra realmente anhela el amor y la expresión de amor, y eso es lo que no encontraría en absoluto.

Los problemas físicos relacionados con este chakra

La presión arterial alta y las enfermedades relacionadas con el corazón son las más comunes en las personas con problemas en este chakra. Las personas también experimentan dolor agudo y tensión entre sus hombros, entre otros problemas. Este chakra domina todo el proceso circulatorio y el sistema linfático, y, por lo tanto, todos los problemas relacionados con ellos pueden surgir.

Vishuddhi- El Chakra de la garganta

Este es el primero de los tres chakras superiores, pero inmensamente poderoso. Los chakras superiores son más intelectuales y espirituales en naturaleza que físicos, y en esos términos, es el menos poderoso. Sin embargo, cuando se trata de proporcionar poder en el mundo real, no puede haber nada más poderoso que este chakra.

El chakra de la garganta conocido como "Vishuddhi" en sánscrito significa "puro". El poder de este chakra no está diluido y no es secundario a ninguno. Si este chakra florece completamente en tu cuerpo, puede convertirte en un líder mundial. Este chakra te da el último regalo de aprendizaje y perfección. Te hace un maestro comunicador, y tendrás influencia sobre todas las personas con las que te comuniques. Comandarás la devoción inquebrantable de la gente bajo tu mando.

No importa en qué clase de vida estés; este chakra puede hacerte un maestro en él. El aprendizaje se convierte en algo natural en el nivel de Vishuddhi. Este es el chakra perfeccionado por los maestros ocultistas para ganar poderes más allá de la comprensión humana. La activación de este chakra se vuelve muy importante si uno realmente quiere aprovechar los poderes de los chakras superiores como el del tercer ojo y el de la corona, ya que necesitan un mayor enfoque y habilidad. Un chakra de la garganta activo facilita el aprendizaje de las formas de dominar los chakras superiores.

Físicamente este chakra influye en la región de la garganta y la glándula tiroides. Ayuda en el desarrollo general del cuerpo y asegura un crecimiento adecuado. Este chakra puede mejorar sus habilidades de comunicación de forma exponencial. Si siempre has deseado ser un maestro de la comunicación, debes trabajar en mejorar el balance energético de este chakra.

Este es el chakra de la fuerza, que está completo. Una persona con un chakra Vishuddhi completamente florecido parecerá más poderosa que la sala llena de gente armada. No es el poder muscular lo que ha hecho la diferencia en este mundo, sino el poder del pensamiento, la comunicación y la convicción. Este chakra trae todas estas cualidades a la mesa.

Sin embargo, a pesar de ser un chakra muy poderoso, el foco de las energías en este chakra no está hacia adentro. Si este chakra está activo en tu cuerpo, tu enfoque estaría en proveer a otros y no a ti mismo. Este chakra trae consigo la intención del bien mayor. De hecho, a medida que subes la escalera del chakra, la intención cambia rápidamente de trabajar para uno mismo a trabajar para los demás.

Si este chakra es poderoso en tu cuerpo, serás poderoso pero desinteresado. Serás un maestro comunicador, pero estarás difundiendo el mensaje por un bien mayor.

Chakra de la garganta activo y equilibrado

Si las energías en este chakra encuentran expresión y no están de sincronizadas, estarás contento. Este chakra es el primer paso hacia la realización. Conocerás las cosas reales que importan en la vida, y, por lo tanto, serás capaz de poner fin a las carreras fútiles en la vida.

Lo mejor de este chakra es que, además de todas las cosas maravillosas, te da el poder de estar en el momento. La mayoría de nosotros tenemos la ilusión de que estamos viviendo en el presente mientras que nuestras vidas simplemente giran en torno a las instancias del pasado y las inseguridades del futuro. Fallamos en vivir en el presente y en disfrutar de este mundo tal y como es por sus méritos.

Su conciencia del tiempo aumentaría exponencialmente. Ya sea su tiempo o su habilidad para usar el tiempo, cada aspecto de su vida mejoraría.

No hace falta decir que este chakra te hace un maestro de la comunicación. Serás capaz de transmitir tus mensajes con la mayor claridad. La gente no sólo te entenderá, sino que te sentirá. El chakra de la garganta te transforma completamente como persona. Tus preferencias, motivos, intenciones y habilidades cambian a medida que este chakra se abre en ti.

La gente con el chakra de la garganta activo puede estar artísticamente inspirada y dotada. Tendrían el talento natural de ser prolíficos y expresivos.

Este chakra también mejora su comprensión de los conceptos espirituales ya que es la escalera a la espiritualidad. El desarrollo de las habilidades para meditar para obtener el conocimiento espiritual también comienza en este nivel. Es sólo después de la apertura de este chakra que serás verdaderamente capaz de experimentar la energía divina y mantener tu cordura intacta. La mayoría de las personas que han tenido algún tipo de experiencia espiritual pero no han tenido este chakra abierto antes de la experiencia, a menudo terminan perdiendo la cordura. Es diferente que no encuentren un uso particular para su cordura después, pero el mismo conocimiento y experiencia podría haber sido puesto al servicio de la humanidad si su chakra de la garganta hubiera estado abierto como lo hacen muchas otras personas cultas.

Chakra de la garganta hiperactivo

Cuanto mayor sea el poder, mayor será la responsabilidad. Si las energías en este chakra se vuelven hiperactivas, pueden convertirte en una persona demasiado santurrona que podría volverse insoportable. Una cosa es poseer el conocimiento, y la exhibición flagrante de éste es completamente diferente.

El don de la comunicación es natural con este chakra; sin embargo, si las energías de este chakra se sobren expresan, la persona puede volverse demasiado habladora. Esto no sólo le quita el punto, sino que también deja una impresión muy pobre.

Otra cuestión a este nivel es la de una persona que se vuelve dogmática sobre algunos principios. Esto tiene un alto potencial de convertirse en fanatismo. Creer en algo es algo diferente, y declararlo como la única y universal verdad es otra cosa. Lamentablemente, si las energías son muy altas en este chakra, siempre queda una posibilidad. De hecho, la mayoría de la gente, incluso con un chakra de la garganta equilibrado, muestra estas tendencias en gran medida.

El desarrollo de tendencias adictivas es otro problema que puede surgir en esta situación, ya que te encuentras atrapado con una verdad.

Como este es el chakra de la autoridad suprema, muchas veces, las personas con exceso de energía en este chakra también empiezan a dominar a otros sexualmente y de otras maneras. Es simplemente el deseo de gobernar y ejercer autoridad lo que lleva a tal situación. Sin embargo, esto puede volverse feo muy rápido.

Chakra de la garganta poco activo

Si las energías de este chakra no encuentran una expresión adecuada, los resultados podrían ser igual de feos. Podría dejarte exactamente lo opuesto a una persona con autoridad. Puede hacerte tímido, poco fiable, demasiado tranquilo, inseguro, nervioso y retorcido. Puede que te resulte difícil incluso transmitir las cosas más básicas a los demás.

Estas personas pueden tener dificultades incluso para expresarse con claridad. Su comprensión del tiempo es pobre y, por lo tanto, no son capaces de utilizarlo eficazmente.

La baja energía en el chakra de la garganta también afecta a la claridad de la mente, y las personas que se enfrentan a esto pueden tener serias dudas y pensamientos conflictivos entre el sexo y la religión. También puede llevar a un sentimiento de culpa.

Los problemas físicos relacionados con este chakra

Físicamente este chakra afecta la región de la garganta y el área de la mandíbula. Si hay un desequilibrio en este chakra, puedes tener problemas crónicos de garganta, garganta rasposa, úlceras en la boca, glándulas inflamadas, junto con problemas de tiroides.

Ajna Chakra- El Chakra del Tercer Ojo

Este es uno de los chakras de los que más se habla y ha permanecido como el centro de atracción para la gente interesada en el sistema de chakras. En primer lugar, no debe haber duda de que el gran interés que la gente tiene en este chakra se debe a los increíbles poderes psíquicos que pueden venir junto con la activación de este chakra. Segundo, la gente ha sido capaz de convencer a las masas de que la activación del chakra del tercer ojo es muy fácil y segura.

La primera idea es correcta, pero es sólo una parte de la historia. El chakra del tercer ojo puede darte increíbles poderes psíquicos, pero eso es una parte menor de lo que ese chakra puede hacer por ti. El chakra del tercer ojo se llama "Ajna" en sánscrito, que significa mandar. Esto significa literalmente que el chakra del tercer ojo también puede ayudarte a controlar todos los demás chakras de tu cuerpo. Si este chakra está activo y eres capaz de usar sus poderes apropiadamente, la curación del cuerpo y la mente se convertirá en un juego de niños para ti. Es el chakra de la clarividencia y la percepción. Hasta cierto punto, tu poder de percepción alcanza el siguiente nivel, y te adelantas a todos los demás.

Dicho esto, no es tan fácil como se dice. De hecho, la segunda cosa mencionada es tan difícil que la mayoría de la gente, incluso a nivel de maestría, se da por vencida. La intensidad de la experiencia a este nivel es tan alta que puede dejarte totalmente asustado y paranoico. La intensidad con la que las energías externas empiezan a interactuar contigo es tan grande que la mayoría de la gente se encuentra incapaz de afrontarlo, pero tristemente, no hay vuelta atrás.

Afortunadamente, esto llega en una etapa muy posterior, y el poder de percepción puede ser alcanzado antes de eso. Sin embargo, nunca es seguro tratar de activar el tercer ojo sin tener todos los otros chakras abiertos y el cuerpo preparado para ello.

Para mantener adecuadamente el poder del tercer ojo y no ser abrumado por él, debes estar físicamente equipado. Por eso es que el despertar de la kundalini es también importante. Necesitarás practicar yoga y meditación constantemente para preparar tu cuerpo y mente para la activación del tercer ojo.

El problema cuando se trata de energías superiores es que nunca se puede ejercer un control exacto sobre cuánto y cuándo tomar. Empezar mal preparado puede causar problemas mentales, emocionales y espirituales.

El tercer ojo es la fuente de la iluminación. Abre las puertas de la conciencia superior. Si tu tercer ojo está activo, conocerás la felicidad como nadie más. Es un ojo que todo lo ve y que se abre hacia adentro.

Su conciencia del tiempo aumenta. Tu sentido de la percepción se multiplica. Incluso eres capaz de sentir las energías a tu alrededor y su interacción con tu campo de energía. Todas estas cosas siguen sucediendo todo el tiempo. No hay que detenerse o tomar descansos ya que es difícil controlar las energías externas que interactúan con usted.

Incluso tu sexto sentido se eleva, y eres capaz de tener un sentido de las cosas que pueden suceder. Simplemente tu comprensión del mundo que te rodea mejora y usando eso eres capaz de juzgar las cosas mejor que otros.

Todo esto y mucho más puede suceder cuando tu chakra del tercer ojo florece, y tu cuerpo y tu mente están listos para ello.

Sin embargo, incluso si no estás tratando de activar tu chakra del tercer ojo, es importante que tu chakra del tercer ojo permanezca abierto y funcionando ya que ayuda a la transferencia de energía al nivel más alto.

Chakra del Tercer Ojo activo y equilibrado

Si las energías del chakra del tercer ojo están equilibradas, se reflejará en tu personalidad. Te volverás carismático, intrépido, impasible y consciente. Este chakra quita el enfoque completamente del materialismo del mundo.

La mayoría de la gente piensa que una vez que tienen un mayor sentido de la percepción y el sexto sentido, pueden aprovecharlo mejor. Sin embargo, eso nunca permanece su preocupación una vez que su chakra del tercer ojo se abre. Esta es la belleza de los chakras superiores que tienen la capacidad de quitarte el enfoque del mundo material mortal a asuntos más grandes. No es algo que necesite ser prometido, sino que sucede cuando tu mente se prepara internamente para ello.

El equilibrio de energías en el chakra del tercer ojo quita el miedo a la muerte y la codicia por la vida. En este chakra, su comprensión más profunda de esta vida y de las energías cósmicas mejora considerablemente.

Sus habilidades mentales mejoran exponencialmente, y el poder de comunicarse sin palabras, la capacidad de sentir las cosas, y un mayor sentido de la percepción son algunos de ellos.

Este chakra también puede invocar los sentimientos de desapego de las relaciones y los lazos de amor y afecto. Se eleva mucho más allá de la singularidad de su ser.

Esto puede sonar extraño, pero la activación del tercer ojo es más común de lo que se piensa en este momento. De hecho, la activación del tercer ojo no es una tarea difícil en absoluto, el manejo de los poderes después de la activación puede ser difícil, y por eso no se aconseja a todo el mundo. Sin embargo, hay miles de personas que tienen su tercer ojo abierto. También puede abrirse por accidente en ocasiones, y la gente no tiene otra opción que lidiar con ello. Lamentablemente, la mayoría de la gente no entiende el poder y sus implicaciones.

El chakra del tercer ojo es una fuente de energía. Es muy importante mantenerlo abierto y equilibrado ya que ayuda a una transferencia suave de energía. Esto también asegura que el chakra del tercer ojo no se abra accidentalmente y cause problemas.

Chakra del tercer ojo hiperactivo

El exceso de energía en el chakra del tercer ojo puede hacer que una persona sea egoísta, orgullosa y mezquina. Puede llegar a ser extremadamente difícil para una persona incluso manejar un chakra del tercer ojo equilibrado sin la preparación y la práctica adecuadas. Sin ellos, el manejo de energías excesivas puede ir más allá de las habilidades, y puede hacer a una persona demoníaca también.

Si una persona con inclinación religiosa o espiritual recibe una energía excesiva en el chakra del tercer ojo, puede convertirse en una persona religiosamente dogmática. Las creencias pueden incluso volverse tiránicas en momentos que pueden no ser muy lógicos.

Chakra Raíz poco activo

Si la energía en el chakra del tercer ojo es baja, puede dejar una impresión muy pobre en los poderes intelectuales de la persona. La indisciplina y la falta de voluntad son propiedades características en tales personas.

Estas personas también pueden llegar a ser muy impresionables. Los campos de energía de otros pueden empezar a afectarlos fácilmente. Pueden caer bajo influencias negativas muy rápidamente.

La exhibición de un comportamiento pasivo y el miedo incluso al éxito es común en estas personas.

La intensidad con la que los chakras expresan sus aspectos positivos o negativos a este nivel es muy alta. Su nivel de experiencia es siempre intenso. En este caso, ocurre en un sentido negativo.

La meditación del tercer ojo es la mejor manera de salir de la trampa de la supresión de su chakra ocular. Si se deja sin tratar por mucho tiempo, también puede causar esquizofrenia.

Los problemas físicos relacionados con este chakra

Los problemas neurológicos, las convulsiones, los accidentes cerebrovasculares y los problemas de la columna vertebral son muy comunes en las personas con problemas en el chakra del tercer ojo.

Sahasrara- El Chakra de la Corona

Este es el chakra más alto del cuerpo. La ubicación física de este chakra está fuera del cuerpo. Sólo se encuentra en la parte superior de nuestra cabeza o la corona, y por eso se llama el chakra de la corona.

Este chakra se llama "Sahasrara" en sánscrito porque significa "mil pétalos". Mil pétalos significan posibilidades ilimitadas de cualquier cosa que percibas. Aquí, mil puede parecer un número simple, pero es una representación de formas que abren innumerables posibilidades en todas las direcciones.

Este chakra representa la inmensidad del universo y también de las innumerables formas que podemos adoptar para estar al unísono con la fuerza divina.

La cultura védica no creía en un camino singular para alcanzar lo divino. De hecho, animaba a la gente a encontrar sus propios caminos. Tal vez esa es la razón por la que miles de sabios y videntes habrían activado su chakra de la corona, pero no hay un camino documentado para alcanzar el 'Sahasrara'. Los Vedas han descrito numerosas formas de activar los seis chakras del cuerpo. Han desarrollado varios sistemas. Hay innumerables herramientas en forma de prácticas yóguicas, mantras, aceites, hierbas, cristales, terapias, para que los seis chakras pudieran abrirse y activarse en las personas que eran dignas de recibir los poderes o en las personas que eran 'Patra'. Incluso en los tiempos en que no había una tendencia a registrar tales cosas, las formas de abrir los chakras se recitaban como mantras de una generación a otra. Sin embargo, la forma de abrir el portal del séptimo chakra no se menciona en ninguna parte. Los Vedas llaman al camino para alcanzar el séptimo chakra el camino sin senderos. Una vez que hayas dominado los seis chakras de tu cuerpo y tengas las habilidades físicas, mentales, emocionales y espirituales, tendrás que dar un salto de fe en el pozo sin fondo hacia adentro y encontrar el camino hacia la conciencia por ti mismo.

Los poderes proporcionados por el séptimo chakra tienen poca aplicación en el mundo. Es el chakra que abre la puerta al conocimiento final. Te ayudará a establecer el vínculo con la energía divina. En este nivel, no hay miedo a las energías oscuras. En este nivel, no hay necesidad de aprender a navegar. Simplemente llegar puede ser suficiente, y ha sido el objetivo final de toda la sociedad intelectual en la cultura védica.

La apertura de este chakra significa que tus habilidades intelectuales y espirituales mejorarían mucho. Si el despertar espiritual es tu objetivo, entonces deberías buscar la activación de este chakra.

Chakra de la Corona activo y equilibrado

Si las energías están equilibradas en este chakra, estarás más abierto a recibir energía e intervención divina. Tus posibilidades de realización espiritual aumentarían enormemente. Si la energía de este portal florece en ti, te dará acceso inmediato al consciente y al subconsciente. Sobre todo, puede hacerte más realizado y consciente. Te liberarás del miedo a la muerte y de la tentación de la vida. Este es el chakra de la liberación, y te ayuda a elevarte por encima de los estándares normales de esta vida.

CHAKRAS - by - MATTHEW BENEFIT

Algunas personas pueden experimentar un aumento de su capacidad para realizar milagros. Este chakra puede trascender las leyes de la naturaleza y hacerte más poderoso que otros de muchas maneras.

Chakra coronario hiperactivo

El exceso de energía en este chakra puede ser muy peligroso, de hecho, letal. Como ya he mencionado varias veces en el libro, a medida que subes por la escalera del chakra, la intensidad con la que experimentas la vida aumenta enormemente. En los chakras de la base, la intensidad del chakra se limita a una región en particular. A medida que subes, comienza a aumentar. Este es el chakra superior, y, por lo tanto, la intensidad con la que puede expresarse puede elevarse más allá de la imaginación y el control de cualquiera.

Si las energías son ligeramente agresivas, pueden llevar a una constante sensación de frustración. La persona puede encontrar difícil de comprender las cosas a su alrededor. También puede haber una desesperación desconocida. Esto también sucede cuando uno está a punto de realizarse y está casi al borde. Sin embargo, la mayor parte de la frustración puede provenir de la sensación de poder no realizado que acecha en las cercanías.

La gente también puede volverse maníaco-depresiva, psicótica o destructiva. Las migrañas frecuentes también son comunes en estas personas.

Chakra Coronario Hiperactivo

Si las energías del chakra de la corona se vuelven poco activas, pueden causar dificultades cognitivas. Una persona puede tener dificultades para tomar decisiones. Puede haber un estado de total confusión sin ninguna razón. La persona afectada también puede sentir una completa falta de alegría en la vida. Puede volverse in comunicativa o también puede sufrir de catatonia.

Los problemas físicos relacionados con este chakra

El desequilibrio de la energía en este chakra puede causar depresión, agotamiento crónico, sensibilidad extrema a la luz, al sonido, a otros fenómenos ambientales, y problemas del sistema muscular, etc.

Capítulo 6: Muladhara - El Chakra Raíz

Yoga para el Chakra Raíz

- Pose de la silla

- Pose de árbol

- Doblar de pie hacia adelante

- Pose de cabeza a rodilla

- Guerrero 1

- Guerrero 2

- La postura del niño apoyado

- La postura de cadáveres apoyada

Cristales para el Chakra Raíz

- Granate

- Turmalina negra

- Ruby

- Bloodstone

- Hematite

- Obsidiana

* Jaspe rojo

* Onyx

* Lodestone

* Ágata de fuego

* Cuarzo ahumado

Meditación para sanar el Chakra Raíz

El chakra de la raíz se encuentra en la base de la columna vertebral, y el enfoque principal durante la meditación sería en este punto.

Siéntese en una postura con las piernas cruzadas

Mantén tu mano en tu regazo con las palmas hacia arriba.

Mantén tu espalda recta.

Su columna vertebral debe estar en posición vertical en todo momento durante la sesión de meditación.

Si quieres, puedes usar un respaldo, pero no un reposacabezas.

Mantén tu cuello recto, pero no intentes estirarlo.

Sus hombros deben estar rectos, pero no rígidos.

Coloca tu barbilla ligeramente inclinada hacia arriba; te ayudaría a entrar en el estado meditativo más rápido

Ahora cierra los ojos suavemente. No debe haber presión en tus ojos. Ciérrelos suavemente.

Intenta reunir todos tus pensamientos y déjalos ir

Tómate un tiempo

Si hay algunos pensamientos en tu mente, déjalos pasar

Simplemente dibuja tu conciencia hacia tu respiración...

Respira suavemente.

Respire profundamente por la nariz, lenta y suavemente.

Inhale

Deje que pase por su nariz y su garganta hasta su estómago

Sosténgalo por unos momentos

Ahora exhala lenta y suavemente por la boca

No hay prisa

Sé amable.

Ahora inhalaremos de nuevo

Suavemente a través de la nariz

Mantén tu conciencia enfocada en tu respiración

Siente el aire que pasa por tus fosas nasales

Trata de evaluar su calidez

Siente la intensidad del aire a través de la cual pasa por tus fosas nasales

Sigue el camino de este aire en tu cuerpo

Ver la luz que entra con el aire

Sigue esa luz

Siente la forma en que llena tus pulmones

Siente la forma en que infla tu pecho

Mira la forma en que te llena el estómago

Ahora aguántalo por unos momentos

Deja que este aire revitalice tu cuerpo

Deja que rejuvenezca tu cuerpo

Siente la calma a tu alrededor

En este momento no hay nada más importante que este aliento

Ahora exhala por la boca

Muy lenta y gradualmente

Sigue el camino que toma

No hay prisa

No hay prisa

Sólo hay relajación

Al exhalar todo, siente toda la energía negativa que sale con la respiración

Disfruta de la relajación que sientes en este momento

Respira profundamente de nuevo.

Muy lenta y gradualmente

Imagina la luz blanca entrando en tu cuerpo junto con el aire

Deja que ilumine todo tu cuerpo

Esta luz te iluminará desde el interior y eliminará toda la negatividad

Sigue esta luz que viaja dentro de tu cuerpo junto con el aire

Sigue su camino

Mira como te llena el estómago

Siente la forma en que ha iluminado tu columna vertebral y tu espalda

Siente cómo baja por tus piernas

Siente cada nervio y músculo de tu cuerpo siendo iluminado por esta luz

Aguanta la respiración por unos momentos

Ahora, exhala muy lentamente

Sentir cada pensamiento negativo saliendo con la respiración

Este aire se llevará toda la energía negativa y restaurará el equilibrio

Reparará cada daño que ha ocurrido

Siente la calma dentro de ti

Disfrute de esta calma y relajación por unos momentos, comenzaremos cuando esté listo.

Ahora, enfoca tu atención en la base de tu columna vertebral

Intenta encontrar la luz roja del Muladhara a través de los ojos de tu mente

Estará brillando como una bola de fuego roja

Este punto es similar al núcleo de la Tierra

Mantiene el calor de la madre tierra

Es calmante y tranquilizador

Siente la luz roja de tu Muladhara filtrándose en la tierra

La energía en tu cuerpo se está uniendo a la madre tierra

La madre tierra es cuidadosa y nutriente

Cura todas las heridas

Restablece el equilibrio

Siente el amor de la madre tierra hacia ti

Siente la energía de curación regresando a ti

Madre nunca dejará que te hagan daño.

No te asustes.

La madre perdona y cuida

Siente el alimento que la madre tierra te está proporcionando

Intenta sentir el calor en la base de tu columna vertebral

La madre tierra está alimentando tu chakra de la raíz

Está llenando tu centro de energía con toda la energía que necesitas

La madre tierra tiene mucho más en reserva

No tengas miedo de pedir más

Deja que rellene tu chakra raíz con toda la energía que necesites

Siente el calor de la tierra penetrando en tu estómago, espalda y otros órganos

Dejemos que la Tierra reponga la energía que faltaba

No hay prisa

No hay prisa

Pídele a la madre todo lo que quieras

No tengas miedo.

Deja que todos tus miedos se hundan en la tierra

Deja que la madre tierra te llene de energía positiva y confianza

Deja que tus inseguridades pasen a la tierra

Deja que todos tus pensamientos negativos y toxinas se filtren

Siente cada poro de tu cuerpo llenándose de energía positiva

Mira la forma en que la Tierra te confía su energía

Siente esa confianza dentro de ti

Debes saber que eres valioso

Debes creer que eres amado y querido

Eres el hijo amado de la madre tierra

Sentir la conexión con la madre

Siéntelo como tu familia

Acepta lo que te dé la madre

No hay que avergonzarse de pedirle a la madre

No hay nada malo en pedir más

Cada vez que respiras te llena de más y más positividad

Ahora se siente positiva y firme.

No hay miedo

No hay inseguridad

No hay culpa

Hay una calma máxima en tu mente y en tu corazón

Inhala lentamente

Exhala aún más lentamente

Inhala lentamente

Exhala aún más lentamente

Inhala lentamente

Exhala aún más lentamente

Ahora vuelve a centrarte en tu respiración.

Te sientes positivo ahora

Te sientes curado y alimentado

Disfruta del calor por unos momentos más.

Repita el proceso unas cuantas veces más

No hay prisa

Estás con la madre

Ella es cariñosa, indulgente, y cuidadosa...

Ella proveerá cuando usted lo pida.

No hay que avergonzarse de pedirle a la madre

Sigue respirando lentamente

Abre los ojos lentamente cuando estés listo

Capítulo 7: Svadhishthana - El Chakra Sacro

Yoga para el Chakra Sacro

- La postura del niño

- La pose del bebé feliz

- Las poses de los guerreros

- El bastón de cuatro miembros posa

- Perro de cara al suelo

- La pose de la cara de la vaca

- La postura del ángulo límite

- La postura de ángulo abierto...

Cristales para el Chakra Sacro

- Sunstone

- Amber

- Piedra lunar

- Turmalina naranja

- Carnelian

Meditación para sanar el chakra sacro

Siéntese en una postura con las piernas cruzadas

Mantén tu mano en tu regazo con las palmas hacia arriba.

Mantén tu espalda recta.

Su columna vertebral debe estar en posición vertical en todo momento durante la sesión de meditación.

Si quieres, puedes usar un respaldo, pero no un reposacabezas.

Mantén tu cuello recto, pero no intentes estirarlo.

Sus hombros deben estar rectos, pero no rígidos.

Coloca tu barbilla ligeramente inclinada hacia arriba; te ayudaría a entrar en el estado meditativo más rápido

Ahora cierra los ojos suavemente. No debe haber presión en tus ojos. Ciérrelos suavemente.

Intenta reunir todos tus pensamientos y déjalos ir

Tómate un tiempo

Si hay algunos pensamientos en tu mente, déjalos pasar

Simplemente dibuja tu conciencia hacia tu respiración...

Respira suavemente.

Respire profundamente por la nariz, lenta y suavemente.

Inhale

Deje que pase por su nariz y su garganta hasta su estómago

Sosténgalo por unos momentos

Ahora exhala lenta y suavemente por la boca

No hay prisa

Sé amable.

Ahora inhalaremos de nuevo

Suavemente a través de la nariz

Mantén tu conciencia enfocada en tu respiración

Siente el aire que pasa por tus fosas nasales

Trata de evaluar su calidez

Siente la intensidad del aire a través de la cual pasa por tus fosas nasales

Sigue el camino de este aire en tu cuerpo

Ver la luz que entra con el aire

Sigue esa luz

Siente la forma en que llena tus pulmones

Siente la forma en que infla tu pecho

Mira la forma en que te llena el estómago

Ahora aguántalo por unos momentos

Deja que este aire revitalice tu cuerpo

Deja que rejuvenezca tu cuerpo

Siente la calma a tu alrededor

En este momento no hay nada más importante que este aliento

Ahora exhala por la boca

Muy lenta y gradualmente

Sigue el camino que toma

No hay prisa

No hay prisa

Sólo hay relajación

Al exhalar todo, siente toda la energía negativa que sale con la respiración

Disfruta de la relajación que sientes en este momento

Respira profundamente de nuevo.

Muy lenta y gradualmente

Imagina la luz blanca entrando en tu cuerpo junto con el aire

Deja que ilumine todo tu cuerpo

Esta luz te iluminará desde el interior y eliminará toda la negatividad

Sigue esta luz que viaja dentro de tu cuerpo junto con el aire

Sigue su camino

Mira como te llena el estómago

Siente la forma en que ha iluminado tu columna vertebral y tu espalda

Siente cómo baja por tus piernas

Siente cada nervio y músculo de tu cuerpo siendo iluminado por esta luz

Aguanta la respiración por unos momentos

Ahora, exhala muy lentamente

Sentir cada pensamiento negativo saliendo con la respiración

Este aire se llevará toda la energía negativa y restaurará el equilibrio

Reparará cada daño que ha ocurrido

Siente la calma dentro de ti

Disfrute de esta calma y relajación por unos momentos, comenzaremos cuando esté listo.

Ahora concéntrese en su chakra sacro

Está a unos pocos centímetros por debajo de tu ombligo

Puedes sentirlo mientras tu estómago sube y baja...

Concéntrese en ese punto a través de su conciencia

Deja que tu conciencia siga en este punto

Intenta visualizar el brillante color naranja que se eleva desde esta región

Mira su brillo y el resplandor

Parece que el sol del amanecer

Calmante pero ardiente

Lleno de energía y vigor

Este es el punto que llena este mundo de entusiasmo

Es el área que aumenta tu apetito para empaparte de las recompensas de este mundo

Siente la luz naranja elevándose y llenando todo tu cuerpo

Esta es la energía que está impulsando a todo el mundo

Nuestra existencia no es posible sin esta energía

No hay nada de lo que avergonzarse.

No puedes huir de ello

No puedes esconderte de ello

No deberías esconderte de él.

Deja que llene toda tu existencia

Siéntelo elevarse dentro de ti mientras respiras

Mientras exhala, vea el color naranja salir con su aliento...

La sensación es relajante

Esta es la energía masculina almacenada dentro de ti

Respira profundamente y siente el refrescante color naranja que llena tu cuerpo

Esta es la energía femenina que te hace completa

Este es el yin y el yang

Ambas energías están dentro de ti

Siempre han estado dentro de ti

El mundo entero está hecho de la unión de ambas energías

No te avergüences.

No tengas miedo.

Acepta la belleza de ambos

Aprecien el milagro que crean al unirse

No hay nada de lo que avergonzarse

La energía sexual está en el centro de la existencia

Nos da el poder

Nos hace completos

Siente el poder de la energía sexual dentro de ti

Visualiza el color naranja haciéndose más fuerte y más amplio

Deja que llene tu cuerpo y te haga más fuerte

No te avergüences de tus necesidades sexuales

No pienses demasiado en ello.

También es un aspecto de la vida

Deje que tenga su lugar en la vida

Es natural tener impulsos sexuales

Es normal sentirse atraído por los demás

Sabes la forma correcta de expresarte

No hay necesidad de temer

Deja que los miedos pasen

Deja que el color naranja se extienda

Te llenará

Te hará sentir bien de nuevo.

Respira

Inhala lentamente por la nariz

Exhala aún más despacio por la boca

Inhala lentamente por la nariz

Exhala aún más despacio por la boca

Inhala lentamente por la nariz

Exhala aún más despacio por la boca

Repita todo el proceso unas cuantas veces más

Sigue respirando a un ritmo normal

Abre los ojos lentamente cuando estés listo

Capítulo 8: Manipura - El chakra del plexo solar

Yoga para el chakra del plexo solar

- La postura del gato

- La postura de la vaca

- La postura del barco

- Pose de medio barco

- Saludo al sol

- Pranayam o técnicas de respiración

- El aliento de los fuelles

Cristales para el chakra del plexo solar

- Amber

- Citrino amarillo

- Topacio amarillo

- Ojo de tigre amarillo

- Cuarzo rutilado

- Ágata amarilla

Meditación para sanar el chakra del plexo solar

Siéntese en una postura con las piernas cruzadas

Mantén tu mano en tu regazo con las palmas hacia arriba.

Mantén tu espalda recta.

Su columna vertebral debe estar en posición vertical en todo momento durante la sesión de meditación.

Si quieres, puedes usar un respaldo, pero no un reposacabezas.

Mantén tu cuello recto, pero no intentes estirarlo.

Sus hombros deben estar rectos, pero no rígidos.

Coloca tu barbilla ligeramente inclinada hacia arriba; te ayudaría a entrar en el estado meditativo más rápido

Ahora cierra los ojos suavemente. No debe haber presión en tus ojos. Ciérrelos suavemente.

Intenta reunir todos tus pensamientos y déjalos ir

Tómate un tiempo

Si hay algunos pensamientos en tu mente, déjalos pasar

Simplemente dibuja tu conciencia hacia tu respiración...

Respira suavemente.

Respire profundamente por la nariz, lenta y suavemente.

Inhale

Deje que pase por su nariz y su garganta hasta su estómago

Sosténgalo por unos momentos

Ahora exhala lenta y suavemente por la boca

No hay prisa

Sé amable.

Ahora inhalaremos de nuevo

Suavemente a través de la nariz

Mantén tu conciencia enfocada en tu respiración

Siente el aire que pasa por tus fosas nasales

Trata de evaluar su calidez

Siente la intensidad del aire a través de la cual pasa por tus fosas nasales

Sigue el camino de este aire en tu cuerpo

Ver la luz que entra con el aire

Sigue esa luz

Siente la forma en que llena tus pulmones

Siente la forma en que infla tu pecho

Mira la forma en que te llena el estómago

Ahora aguántalo por unos momentos

Deja que este aire revitalice tu cuerpo

Deja que rejuvenezca tu cuerpo

Siente la calma a tu alrededor

En este momento no hay nada más importante que este aliento

Ahora exhala por la boca

Muy lenta y gradualmente

Sigue el camino que toma

No hay prisa

No hay prisa

Sólo hay relajación

Al exhalar todo, siente toda la energía negativa que sale con la respiración

Disfruta de la relajación que sientes en este momento

Respira profundamente de nuevo.

Muy lenta y gradualmente

Imagina la luz blanca entrando en tu cuerpo junto con el aire

Deja que ilumine todo tu cuerpo

Esta luz te iluminará desde el interior y eliminará toda la negatividad

Sigue esta luz que viaja dentro de tu cuerpo junto con el aire

Sigue su camino

Mira como te llena el estómago

Siente la forma en que ha iluminado tu columna vertebral y tu espalda

Siente cómo baja por tus piernas

Siente cada nervio y músculo de tu cuerpo siendo iluminado por esta luz

Aguanta la respiración por unos momentos

Ahora, exhala muy lentamente

Sentir cada pensamiento negativo saliendo con la respiración

Este aire se llevará toda la energía negativa y restaurará el equilibrio

Reparará cada daño que ha ocurrido

Siente la calma dentro de ti

Disfrute de esta calma y relajación por unos momentos, comenzaremos cuando esté listo.

Enfoca tu conciencia unos pocos centímetros por encima de tu ombligo

La mancha unos pocos centímetros por debajo de tu caja torácica

Este es el centro de poder

Este es el punto de todos los logros

Todo lo que has logrado en tu vida

Incluso los más pequeños logros y las grandes victorias

Todos fueron impulsados por este punto

Visualice la luz amarilla brillante que sale de este punto

La brillante luz amarilla del brillante sol

La luz es tan brillante que puede ser difícil de mirar.

Los rayos dorados que salen de este centro son hermosos

Es el centro del oro

Has sacado algo de oro de aquí, pero todavía hay mucho.

Tiene mucho que ofrecerte

Imagina la vida más exitosa que querías

Siente el poder que tiene

Imagine la atención que atraería

Siente la admiración que la gente tendría por ti

Prevea los objetivos que lograría

Todo está ahí en este centro de poder

Puedes conseguir todo eso si quieres

Está a su alcance

Está dentro de ti

No necesitas preguntarle a nadie

Es tuyo para que lo tomes

Eres el amo de tu destino

Tienes el poder de lograr cualquier cosa que quieras

Ha habido fallos

Ha habido errores

Pero esas son las cosas del pasado

Has aprendido

Te has vuelto más poderoso

Quieres lograr todo lo que puedas

Usarás este poder para levantarte de nuevo

Volverás a intentarlo.

No te rendirás

No se someterá

Trabajarás más duro

Presionarás más fuerte...

Tienes el potencial

Tienes la energía

Lo has visto por ti mismo

Esta bola de energía puede subir tanto como quieras

Puede mantenerte alimentado...

Puede hacer que sigas adelante

Sólo pon tu corazón en ello y empieza a trabajar

Ningún objetivo está lejos y ninguna lucha es dura

Te sientes positivo

Te sientes ardiente

Quieres hacerlo de nuevo

Quieres intentarlo de nuevo

Está seguro de que...

Usted es positivo

Eres feliz.

Crees en ti mismo

Crees en tu poder

Como piensas, mira los rayos amarillos que se elevan aún más alto

Con su confianza, puede eliminar todos los obstáculos

Ahora estás seguro.

Bañarse en la gloria de esta nueva energía

Deja que te empapen

Disfruta de la sensación y relájate

Inhala lentamente por la nariz

Exhala aún más despacio por la boca

Inhala lentamente por la nariz

Exhala aún más despacio por la boca

Inhala lentamente por la nariz

Exhala aún más despacio por la boca

Deja que tu respiración vuelva a la normalidad.

Repita el proceso dos veces

Sigue respirando lentamente

Abre los ojos lentamente cuando estés listo

CHAKRAS - by - MATTHEW BENEFIT

Capítulo 9: Anahata- El chakra del corazón

Yoga para el chakra del corazón

- Torsión espinal sentada

- La postura del águila

- La postura del camello

- Balanzas de brazos

Cristales para el chakra del corazón

- Calcita verde

- La kyanita verde

- Cuarzo rosa

- Jade

- Esmeralda

- Turmalina verde

Meditación para sanar el chakra del corazón

Siéntese en una postura con las piernas cruzadas

Mantén tu mano en tu regazo con las palmas hacia arriba.

Mantén tu espalda recta.

Su columna vertebral debe estar en posición vertical en todo momento durante la sesión de meditación.

Si quieres, puedes usar un respaldo, pero no un reposacabezas.

Mantén tu cuello recto, pero no intentes estirarlo.

Sus hombros deben estar rectos, pero no rígidos.

Coloca tu barbilla ligeramente inclinada hacia arriba; te ayudaría a entrar en el estado meditativo más rápido

Ahora cierra los ojos suavemente. No debe haber presión en tus ojos. Ciérrelos suavemente.

Intenta reunir todos tus pensamientos y déjalos ir

Tómate un tiempo

Si hay algunos pensamientos en tu mente, déjalos pasar

Simplemente dibuja tu conciencia hacia tu respiración...

Respira suavemente.

Respire profundamente por la nariz, lenta y suavemente.

Inhale

Deje que pase por su nariz y su garganta hasta su estómago

Sosténgalo por unos momentos

Ahora exhala lenta y suavemente por la boca

No hay prisa

Sé amable.

Ahora inhalaremos de nuevo

Suavemente a través de la nariz

Mantén tu conciencia enfocada en tu respiración

Siente el aire que pasa por tus fosas nasales

Trata de evaluar su calidez

Siente la intensidad del aire a través de la cual pasa por tus fosas nasales

Sigue el camino de este aire en tu cuerpo

Ver la luz que entra con el aire

Sigue esa luz

Siente la forma en que llena tus pulmones

Siente la forma en que infla tu pecho

Mira la forma en que te llena el estómago

Ahora aguántalo por unos momentos

Deja que este aire revitalice tu cuerpo

Deja que rejuvenezca tu cuerpo

Siente la calma a tu alrededor

En este momento no hay nada más importante que este aliento

Ahora exhala por la boca

Muy lenta y gradualmente

Sigue el camino que toma

No hay prisa

No hay prisa

Sólo hay relajación

Al exhalar todo, siente toda la energía negativa que sale con la respiración

Disfruta de la relajación que sientes en este momento

Respira profundamente de nuevo.

Muy lenta y gradualmente

Imagina la luz blanca entrando en tu cuerpo junto con el aire

Deja que ilumine todo tu cuerpo

Esta luz te iluminará desde el interior y eliminará toda la negatividad

Sigue esta luz que viaja dentro de tu cuerpo junto con el aire

Sigue su camino

Mira como te llena el estómago

Siente la forma en que ha iluminado tu columna vertebral y tu espalda

Siente cómo baja por tus piernas

Siente cada nervio y músculo de tu cuerpo siendo iluminado por esta luz

Aguanta la respiración por unos momentos

Ahora, exhala muy lentamente

Sentir cada pensamiento negativo saliendo con la respiración

Este aire se llevará toda la energía negativa y restaurará el equilibrio

Reparará cada daño que ha ocurrido

Siente la calma dentro de ti

Disfrute de esta calma y relajación por unos momentos, comenzaremos cuando esté listo.

Lleva tu conciencia a tu chakra del corazón

Mira la refrescante luz verde que emana del centro de tu pecho

El verde es el color de la prosperidad

Es el color que llena el mundo de felicidad

Es el color de la naturaleza

Es el color de la energía calmante

A medida que el color verde se extiende, trata de ver el punto rosa en el centro de tu pecho

Apreciar la belleza de este contraste

Esta es la naturaleza del amor

Tanto amor saliendo de un punto tan pequeño

El amor es abrumador

Pero también es indulgente

Es absorbente.

Enfoca tu atención de nuevo en la propagación del color verde

Te ha cubierto completamente

Ahora estás lleno de amor

Todo cubierto en ella

Todo empapado de amor

No hay ningún lugar que haya quedado seco

No hay ningún lugar que quede desesperado

No necesitas a nadie más para sentirte amado

Tienes el océano de amor dentro de ti

Eres la reserva que puede llenar este mundo con amor

Siente el consuelo que le proporciona a tu corazón

No hay lugar para el desprecio ahora

No hay necesidad de rencores

No necesitas pedirle amor a nadie

Tienes todo el amor que necesitas en este mundo

Mira lo hermosas que se han vuelto las cosas después de empaparse de este color verde

Este color verde está curando todas las heridas

Está proporcionando la comodidad que necesitabas

Ahora sabes que puedes conseguirlo cuando quieras

Deja que se extienda a cada rincón de tu cuerpo

Deja que se extienda incluso fuera de tu cuerpo

Lo tienes en cantidad ilimitada

No llegaría a su fin

Perdona a cualquiera que no lo haya devuelto.

Compartirlo con cualquiera que lo necesite

Siente el amor dentro de ti

Ahora te sientes tranquilo.

Esta es una sensación relajante

Esta calma es completa

No depende de otros

Has perdonado a todos los que te han hecho daño

Ahora sólo tienes amor y compasión por ellos.

A medida que la luz verde se evapora, se siente la luz

Ahora estás completamente relajado.

No hay estrés

No hay ningún anhelo

No hay necesidad de

Sólo hay calma

Ahora estás seguro.

Bañarse en la gloria de esta nueva energía

Deja que te empapen

Disfruta de la sensación y relájate

Inhala lentamente por la nariz

Exhala aún más despacio por la boca

Inhala lentamente por la nariz

Exhala aún más despacio por la boca

Inhala lentamente por la nariz

Exhala aún más despacio por la boca

Deja que tu respiración vuelva a la normalidad.

Sigue respirando lentamente

Abre los ojos lentamente cuando estés listo

Capítulo 10: Vishuddhi - El chakra de la garganta

Yoga para el chakra de la garganta

- La postura del guerrero

- La postura del puente

- La postura del triángulo

- Pose de camello

- Pose de arado

- Ángulo lateral extendido

- Hombro de pie

Cristales para el chakra de la garganta

- Lapislázuli

- Iolite

- Turquesa

- Aguamarina

- Celestita

- kyanita azul

- sodalita

Meditación para sanar el chakra de la garganta

Siéntese en una postura con las piernas cruzadas

Mantén tu mano en tu regazo con las palmas hacia arriba.

Mantén tu espalda recta.

Su columna vertebral debe estar en posición vertical en todo momento durante la sesión de meditación.

Si quieres, puedes usar un respaldo, pero no un reposacabezas.

Mantén tu cuello recto, pero no intentes estirarlo.

Sus hombros deben estar rectos, pero no rígidos.

Coloca tu barbilla ligeramente inclinada hacia arriba; te ayudaría a entrar en el estado meditativo más rápido

Ahora cierra los ojos suavemente. No debe haber presión en tus ojos. Ciérrelos suavemente.

Intenta reunir todos tus pensamientos y déjalos ir

Tómate un tiempo

Si hay algunos pensamientos en tu mente, déjalos pasar

Simplemente dibuja tu conciencia hacia tu respiración...

Respira suavemente.

Respire profundamente por la nariz, lenta y suavemente.

Inhale

Deje que pase por su nariz y su garganta hasta su estómago

Sosténgalo por unos momentos

Ahora exhala lenta y suavemente por la boca

No hay prisa

Sé amable.

Ahora inhalaremos de nuevo

Suavemente a través de la nariz

Mantén tu conciencia enfocada en tu respiración

Siente el aire que pasa por tus fosas nasales

Trata de evaluar su calidez

Siente la intensidad del aire a través de la cual pasa por tus fosas nasales

Sigue el camino de este aire en tu cuerpo

Ver la luz que entra con el aire

Sigue esa luz

Siente la forma en que llena tus pulmones

Siente la forma en que infla tu pecho

Mira la forma en que te llena el estómago

Ahora aguántalo por unos momentos

Deja que este aire revitalice tu cuerpo

Deja que rejuvenezca tu cuerpo

Siente la calma a tu alrededor

En este momento no hay nada más importante que este aliento

Ahora exhala por la boca

Muy lenta y gradualmente

Sigue el camino que toma

No hay prisa

No hay prisa

Sólo hay relajación

Al exhalar todo, siente toda la energía negativa que sale con la respiración

Disfruta de la relajación que sientes en este momento

Respira profundamente de nuevo.

Muy lenta y gradualmente

Imagina la luz blanca entrando en tu cuerpo junto con el aire

Deja que ilumine todo tu cuerpo

Esta luz te iluminará desde el interior y eliminará toda la negatividad

Sigue esta luz que viaja dentro de tu cuerpo junto con el aire

Sigue su camino

Mira como te llena el estómago

Siente la forma en que ha iluminado tu columna vertebral y tu espalda

Siente cómo baja por tus piernas

Siente cada nervio y músculo de tu cuerpo siendo iluminado por esta luz

Aguanta la respiración por unos momentos

Ahora, exhala muy lentamente

Sentir cada pensamiento negativo saliendo con la respiración

Este aire se llevará toda la energía negativa y restaurará el equilibrio

Reparará cada daño que ha ocurrido

Siente la calma dentro de ti

Disfrute de esta calma y relajación por unos momentos, comenzaremos cuando esté listo.

Lleva tu conciencia a tu garganta

Este es el centro de comunicación

Este es el centro de la conexión

Visualiza la brillante luz azul que llena tu cuello

Hay varios tonos de azul

Empezó a oscurecer, pero se va aclarando a medida que se extiende a tus hombros.

Llénalo con más potencia

Es tu enfoque y tu voluntad lo que hace que las cosas sucedan

Visualice el azul que se está oscureciendo

Estás recuperando tu poder

La gente te está reconociendo ahora

Se están preparando para escucharte

Algunos te han ignorado

Pero ahora están listos

Todos están listos para escuchar las cosas que tienes que decir...

Has querido hablar con ellos

Sabes las cosas que quieres decir

Lo has preparado bien.

Sabes que quieren escucharte ahora

No te pongas nervioso

No tengas dudas.

Simplemente piensa en las cosas que quieres decir

Organiza tus pensamientos una vez más

Reúne todos tus pensamientos en un solo lugar

Ponerlas en orden

La gente debería entenderte alto y claro

Ya sabes lo que quieres decir

Tu miedo era infundado

Tenías miedo de que la gente no quisiera escucharte

Algunos de ellos pueden no

Pero no tienes que cuidarlos.

Habla con la gente que quiere escucharte

Han estado deseando escucharte

Tienes algunas cosas importantes que decir

No puedes guardarlos en tu corazón

Esas cosas deben ser dichas

Pero era necesario decirlo de manera organizada...

Necesitabas ponerlos en orden

Lo has hecho ahora

Ahora sabes que la gente los entendería

No habrá confusión

Has escuchado tus temores y los has abordado

Ahora no tienes miedo

Ahora estás seguro

Ves que el brillante color azul oscuro se ha extendido uniformemente. Incluso en algunas personas que han venido a escucharte

Están sonriendo

Saben que ahora estás seguro de las cosas que quieres decir...

No tienes ninguna confusión

Hay claridad

Hay una orden

Te sientes relajado ahora

No hay ansiedad

No hay estrés

Ahora estás seguro

Estás seguro de ti mismo

Disfruta de la sensación y relájate

Inhala lentamente por la nariz

Exhala aún más despacio por la boca

Inhala lentamente por la nariz

Exhala aún más despacio por la boca

Inhala lentamente por la nariz

Exhala aún más despacio por la boca

Deja que tu respiración vuelva a la normalidad.

Sigue respirando lentamente

Abre los ojos lentamente cuando estés listo

Capítulo 11: Ajna - El chakra del tercer ojo

Yoga para el Chakra

El yoga, en general, es bueno para equilibrar este chakra. No hay poses específicas que ayuden.

Cristales para el Chakra

- Lepidolita
- Sugilite
- lapislázuli
- amatista
- fluorita
- tanzanita
- cuarzo claro
- zafiro estrella
- kyanite

Meditación para sanar el chakra

Siéntese en una postura con las piernas cruzadas

Mantén tu mano en tu regazo con las palmas hacia arriba.

Mantén tu espalda recta.

Su columna vertebral debe estar en posición vertical en todo momento durante la sesión de meditación.

Si quieres, puedes usar un respaldo, pero no un reposacabezas.

Mantén tu cuello recto, pero no intentes estirarlo.

Sus hombros deben estar rectos, pero no rígidos.

Coloca tu barbilla ligeramente inclinada hacia arriba; te ayudaría a entrar en el estado meditativo más rápido

Ahora cierra los ojos suavemente. No debe haber presión en tus ojos. Ciérrelos suavemente.

Intenta reunir todos tus pensamientos y déjalos ir

Tómate un tiempo

Si hay algunos pensamientos en tu mente, déjalos pasar

Simplemente dibuja tu conciencia hacia tu respiración...

Respira suavemente.

Respire profundamente por la nariz, lenta y suavemente.

Inhale

Deje que pase por su nariz y su garganta hasta su estómago

Sosténgalo por unos momentos

Ahora exhala lenta y suavemente por la boca

No hay prisa

Sé amable.

Ahora inhalaremos de nuevo

Suavemente a través de la nariz

Mantén tu conciencia enfocada en tu respiración

Siente el aire que pasa por tus fosas nasales

Trata de evaluar su calidez

Siente la intensidad del aire a través de la cual pasa por tus fosas nasales

Sigue el camino de este aire en tu cuerpo

Ver la luz que entra con el aire

Sigue esa luz

Siente la forma en que llena tus pulmones

Siente la forma en que infla tu pecho

Mira la forma en que te llena el estómago

Ahora aguántalo por unos momentos

Deja que este aire revitalice tu cuerpo

Deja que rejuvenezca tu cuerpo

Siente la calma a tu alrededor

En este momento no hay nada más importante que este aliento

Ahora exhala por la boca

Muy lenta y gradualmente

Sigue el camino que toma

No hay prisa

No hay prisa

Sólo hay relajación

Al exhalar todo, siente toda la energía negativa que sale con la respiración

Disfruta de la relajación que sientes en este momento

Respira profundamente de nuevo.

Muy lenta y gradualmente

Imagina la luz blanca entrando en tu cuerpo junto con el aire

Deja que ilumine todo tu cuerpo

Esta luz te iluminará desde el interior y eliminará toda la negatividad

Sigue esta luz que viaja dentro de tu cuerpo junto con el aire

Sigue su camino

Mira como te llena el estómago

Siente la forma en que ha iluminado tu columna vertebral y tu espalda

Siente cómo baja por tus piernas

Siente cada nervio y músculo de tu cuerpo siendo iluminado por esta luz

Aguanta la respiración por unos momentos

Ahora, exhala muy lentamente

Sentir cada pensamiento negativo saliendo con la respiración

Este aire se llevará toda la energía negativa y restaurará el equilibrio

Reparará cada daño que ha ocurrido

Siente la calma dentro de ti

Disfrute de esta calma y relajación por unos momentos, comenzaremos cuando esté listo.

Lleva tu conciencia entre tus cejas

El punto ligeramente por encima del puente de tu nariz

Mira el vórtice de luz que gira allí...

Se ve blanco

Se ve más brillante que cualquier otra cosa que hayas visto...

Simplemente está girando en cámara lenta

En realidad, se puede ver girando

Al mirar de cerca, hay luz índigo en su interior

La luz índigo ha comenzado a llenar el vórtice giratorio

Se está poniendo más y más oscuro ahí dentro.

No parece una superficie plana

Es tridimensional

Parece que puedes poner tu mano dentro de ese vórtice

Todavía te sientes indeciso

No quieres arriesgarte a que

Pero sabes que es profundo

Se siente como si algo pudiera perderse en este vórtice

Hay una bolsa en tus hombros

Te lo quitas

Hay todas estas cosas inútiles en esta bolsa

Son preocupaciones, ansiedades, rencores, expectativas inútiles,

Los has estado llevando sobre tus hombros por tanto tiempo...

No hay necesidad de hacer eso

Intentemos lanzar algunas cosas en el vórtice y ver si son lanzadas de vuelta...

Sacas una y la lanzas hacia el vórtice

Hizo un sonido bajo y desapareció en el pobre hilado de índigo

Esto parece un bonito juego

Tira las otras cosas inútiles

Uno por uno

Míralos y tíralos si no los necesitas.

No hay prisa

Tómese su tiempo.

Tome su decisión.

Este vórtice absorbería todo

Tira las cosas inútiles una por una

Las cosas que son una carga

Las cosas que están nublando tu mente

Las cosas que no te permiten pensar con claridad

Las cosas que han estado ocupando tu mente durante tanto tiempo
Deshagámonos de todos ellos ahora.

No los necesitamos.

Has empezado a lanzarlos al vórtice uno por uno...

Otra vez

Otra vez

Otra vez

Su bolsa está vacía ahora

No hay equipaje del pasado

Eres libre del pasado

Ahora puedes vivir en el presente

El vórtice ha comenzado a desacelerarse

Incluso está cambiando su color de nuevo

Se está volviendo blanco una vez más

Hay tanta luz ahora

También te sientes ligero ahora

No hay estrés

No hay ninguna carga

Te has liberado de las garras del pasado

Las cosas que nublaron tu juicio

Disfruta de la sensación y relájate

Inhala lentamente por la nariz

Exhala aún más despacio por la boca

Inhala lentamente por la nariz

Exhala aún más despacio por la boca

Inhala lentamente por la nariz

Exhala aún más despacio por la boca

Deja que tu respiración vuelva a la normalidad.

Sigue respirando lentamente

Abre los ojos lentamente cuando estés listo

Capítulo 12: Sahasrara - El Chakra de la Corona

Yoga para el Chakra de la Corona

- Hombro de pie

- Cabeza de pie

Cristales para el Chakra de la Corona

- Cuarzo claro

- Labradorita

- Piedra lunar

- Selenita

- Amatista

- Topacio blanco

Meditación para sanar el chakra de la corona

Siéntese en una postura con las piernas cruzadas

Mantén tu mano en tu regazo con las palmas hacia arriba.

Mantén tu espalda recta.

Su columna vertebral debe estar en posición vertical en todo momento durante la sesión de meditación.

Si quieres, puedes usar un respaldo, pero no un reposacabezas.

Mantén tu cuello recto, pero no intentes estirarlo.

Sus hombros deben estar rectos, pero no rígidos.

Coloca tu barbilla ligeramente inclinada hacia arriba; te ayudaría a entrar en el estado meditativo más rápido

Ahora cierra los ojos suavemente. No debe haber presión en tus ojos. Ciérrelos suavemente.

Intenta reunir todos tus pensamientos y déjalos ir

Tómate un tiempo

Si hay algunos pensamientos en tu mente, déjalos pasar

Simplemente dibuja tu conciencia hacia tu respiración...

Respira suavemente.

Respire profundamente por la nariz, lenta y suavemente.

Inhale

Deje que pase por su nariz y su garganta hasta su estómago

Sosténgalo por unos momentos

Ahora exhala lenta y suavemente por la boca

No hay prisa

Sé amable.

Ahora inhalaremos de nuevo

Suavemente a través de la nariz

Mantén tu conciencia enfocada en tu respiración

Siente el aire que pasa por tus fosas nasales

Trata de evaluar su calidez

Siente la intensidad del aire a través de la cual pasa por tus fosas nasales

Sigue el camino de este aire en tu cuerpo

Ver la luz que entra con el aire

Sigue esa luz

Siente la forma en que llena tus pulmones

Siente la forma en que infla tu pecho

Mira la forma en que te llena el estómago

Ahora aguántalo por unos momentos

Deja que este aire revitalice tu cuerpo

Deja que rejuvenezca tu cuerpo

Siente la calma a tu alrededor

En este momento no hay nada más importante que este aliento

Ahora exhala por la boca

Muy lenta y gradualmente

Sigue el camino que toma

No hay prisa

No hay prisa

Sólo hay relajación

Al exhalar todo, siente toda la energía negativa que sale con la respiración

Disfruta de la relajación que sientes en este momento

Respira profundamente de nuevo.

Muy lenta y gradualmente

Imagina la luz blanca entrando en tu cuerpo junto con el aire

Deja que ilumine todo tu cuerpo

Esta luz te iluminará desde el interior y eliminará toda la negatividad

Sigue esta luz que viaja dentro de tu cuerpo junto con el aire

Sigue su camino

Mira como te llena el estómago

Siente la forma en que ha iluminado tu columna vertebral y tu espalda

Siente cómo baja por tus piernas

Siente cada nervio y músculo de tu cuerpo siendo iluminado por esta luz

Aguanta la respiración por unos momentos

Ahora, exhala muy lentamente

Sentir cada pensamiento negativo saliendo con la respiración

Este aire se llevará toda la energía negativa y restaurará el equilibrio

Reparará cada daño que ha ocurrido

Siente la calma dentro de ti

Disfrute de esta calma y relajación por unos momentos, comenzaremos cuando esté listo.

Trae tu conciencia a la parte superior de tu cabeza ahora

Con los ojos cerrados, intenta mirar el punto justo encima de tu cráneo

Sé que no puedes

Pero ni siquiera has intentado

Intenta encontrar el chorro de luz blanca brillante que flota justo encima de tu cabeza

Mira de cerca con más intención

¡Excelente!

Ves la nube de luz blanca flotando justo encima de tu cráneo

Esta luz blanca es diferente

Es tan blanco, pero no hace daño a los ojos.

Es tan relajante y benevolente

Te sientes tan nutrido por esta luz

Parece como si todos los problemas se hubieran lavado con esta luz.

No hay ninguna queja ahora

Ya no hay arrepentimiento.
Te sientes tan completamente satisfecho

Esta luz es diferente

Te hace sentir tan feliz

Estás sonriendo sin una causa.

Sólo estás sintiendo la felicidad

Es tan natural

No quieres nada

No hay deseos

No hay necesidad

No hay sentimientos

Nada positivo o negativo

Te sientes como una pizarra en blanco

Esta sensación es increíble

Sólo quieres estar de pie en esta relajante luz blanca

Pero la nube ha empezado a alejarse

Es hora de que vuelvas

Te sientes completamente relajado

Disfruta de la sensación y relájate

Inhala lentamente por la nariz

Exhala aún más despacio por la boca

Inhala lentamente por la nariz

Exhala aún más despacio por la boca

Inhala lentamente por la nariz

Exhala aún más despacio por la boca

Deja que tu respiración vuelva a la normalidad.

Sigue respirando lentamente

Abre los ojos lentamente cuando estés listo

Conclusión

Gracias por llegar hasta el final de este libro, esperemos que haya sido informativo y capaz de proporcionarle todas las herramientas que necesita para alcanzar sus objetivos, sean cuales sean. El concepto de los chakras es asombroso, y proporciona una gran claridad sobre las cosas que suceden en la vida, y no somos capaces de precisar las razones de las mismas. Este libro ha tratado de explicar el concepto de chakras en detalle y las formas en que realmente afecta a nuestras vidas.

El énfasis de este libro ha sido explicar que tal vez no tengamos ningún control real sobre las cosas que suceden en la vida, pero podemos ser proactivos a través de los métodos dados en este libro y mantener el mando de nuestras vidas a pesar de todas las probabilidades. También puedes obtener todos los beneficios del proceso siguiendo los simples pasos dados en el libro. Espero que este libro sea realmente capaz de ayudarte a alcanzar tus objetivos.

Por último, si usted encontró este libro útil de alguna manera, ¡una reseña sobre Amazon siempre es apreciada!

CPSIA information can be obtained
at www.ICGtesting.com
Printed in the USA
LVHW052226020221
678131LV00003B/239

9 781914 251955